AF318024

G
149

A. PARMENTIER

Album Historique

(Édition classique)

PUBLIÉ SOUS LA DIRECTION

ERNEST LAVISSE, de l'Académie française

Professeur à la Faculté des Lettres de l'Université de Paris.

*

Le Moyen âge

(du IVe au XIIIe siècle)

Armand Colin & Cie, Éditeurs

Cet ouvrage correspond au programme des classes suivantes de l'Enseignement secondaire :
3me classique, 4me moderne, 1re lettres (*Histoire de la Civilisation* et *Histoire de l'Art*), 1re et 4me année
de l'Enseignement des jeunes filles.

ALBUM

HISTORIQUE

PUBLIÉ SOUS LA DIRECTION

de M. **ERNEST LAVISSE**, de l'Académie française

Professeur à l'Université de Paris

PAR

A. PARMENTIER

Agrégé d'Histoire, Professeur au collège Chaptal.

★

LE MOYEN AGE

du IVe à la fin du XIIIe siècle.

Vêtement — Habitation — Mobilier — Alimentation — Armes, etc.
Agriculture — Industrie — Commerce — Voyages, etc.
Sciences — Beaux-Arts, etc.
L'Enseignement — L'Église — Les Institutions.

376 gravures.

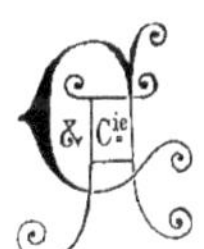

Armand Colin & Cie, Éditeurs

5, rue de Mézières, Paris

—

1898

Tous droits réservés.

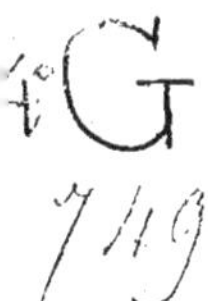

PRÉFACE

L'enseignement de l'histoire a besoin d'être aidé par une collection d'images, car il est à craindre que bien des mots dont se sert le professeur n'éveillent dans l'esprit de l'élève qu'une image confuse et grossièrement inexacte. L'élève qui entend prononcer les mots *maison*, *château*, *palais*, *église*, *théâtre*, ou bien les mots *soldat*, *marchand*, *bourgeois*, *noble*, *prêtre*, ou bien les mots *bataille*, *marché*, *foire*, *fête*, se contente de se représenter vaguement les personnes et les objets désignés sous l'aspect qu'il leur connaît aujourd'hui. Aucune définition, aucune description ne peut remplacer la vue par les yeux de la chose dont il est parlé.

Dès que l'objet est sous les yeux, la définition et la description sont encore nécessaires, car *voir* ne suffit pas, il faut que l'écolier apprenne à *regarder;* mais, du moins, elles sont faciles, ayant sur quoi s'appuyer.

Après la définition et la description vient le commentaire; après avoir fait voir et fait regarder, il faut encore faire comprendre : faire comprendre, par exemple, la différence entre le château du treizième siècle et celui du dix-septième et pourquoi le premier était une forteresse, et le second une habitation de plaisance. Les commentaires de cette sorte, appliqués à quelques objets essentiels, contiennent toute une petite histoire de la civilisation. Entre la forteresse féodale et le château du grand seigneur ou du financier du dix-septième siècle, il y a l'établissement de la souveraineté du roi, de la justice du roi, de la police du roi.

La meilleure façon d'enseigner l'histoire à des enfants et à des adolescents serait de leur commenter un livre d'images.

Depuis quelques années, l'image a pénétré dans les livres scolaires; il n'y a plus de manuel d'histoire qui ne soit pas illustré. Mais voici un livre où l'image n'est plus l'accessoire : elle est le principal. Je crois pouvoir dire qu'il rendra service à l'enseignement de l'histoire en donnant au maître la possibilité de faire voir, regarder et comprendre la vie à travers les âges.

Ernest LAVISSE.

Avril 1898.

AVERTISSEMENT

Dans cet Album on a réuni des dessins représentant des édifices : édifices religieux (temples, églises, abbayes, etc.) ; édifices civils (palais, maisons, hôtels de ville, arènes, arcs de triomphes, portes de ville, etc.); édifices militaires (châteaux). La plupart de ces édifices existent encore ; mais souvent, ils ont été transformés ; plus souvent encore, ils sont en ruines. Pour se les représenter tels qu'ils étaient à l'origine, il faut supposer refaites les parties de l'édifice qui ont été détruites ou qui ont été modifiées ; le dessin où l'on représente le monument dans son état primitif s'appelle une *restauration*. Il peut arriver qu'il ne reste plus rien d'un monument et qu'il ne soit connu que par d'anciennes descriptions ; le dessin qu'on fait alors de l'édifice d'après les renseignements fournis par les descriptions des auteurs est une *restitution*.

Dans cet Album se trouvent aussi des dessins représentant soit des sculptures (statues, bas-reliefs), soit des peintures, soit des objets, armes ou ustensiles du temps passé qui se sont conservés jusqu'à ce jour. Les sculptures et les peintures proviennent en général des églises ; les objets sont gardés dans les trésors des cathédrales ou dans les musées d'Europe. On a reproduit dans cet Album des pièces qui se trouvent à Paris, au musée du Louvre, au musée de Cluny, au Cabinet des médailles (réunion d'objets anciens conservés à la Bibliothèque nationale), au musée d'Artillerie et au musée des Archives où l'on garde les chartes et les sceaux. On a reproduit aussi des objets qui se trouvent dans des musées des pays étrangers, au British Museum (Musée britannique à Londres), au musée de Stockholm, au musée de Madrid, au musée germanique de Nüremberg, au musée impérial de Vienne, etc. Beaucoup de ces objets, surtout les objets religieux sont gardés dans les trésors des cathédrales de France et de l'étranger.

Beaucoup de dessins représentent aussi des miniatures empruntées à des manuscrits. Ces manuscrits sont conservés dans les bibliothèques ; les plus importantes sont : La Bibliothèque nationale de Paris et la bibliothèque du British Museum. On rencontrera souvent dans cet Album des dessins de personnages ou d'objets *restitués* d'après des miniatures ; cela veut dire que les erreurs de dessin qu'on trouve dans ces miniatures ont été corrigées.

Enfin cet Album contient aussi des dessins qui représentent des scènes de la vie de nos ancêtres. Ils ont été composés par des artistes de nos jours, qui se sont proposé de montrer comment vivaient nos ancêtres, à l'aide des renseignements fournis par les sculptures, les peintures, les miniatures et les objets conservés dans les musées. Les scènes de cette sorte sont des *restitutions*.

Explication de quelques termes

Abbatial, qui dépend d'une abbaye.

Acte, arrêt ou décision rendue par un souverain ou un seigneur.

Arc, partie d'une construction reliant par une courbe deux points éloignés l'un de l'autre. Il ne sera question dans cet ouvrage que d'*arcs en plein cintre*, c'est-à-dire de forme demi-circulaire, et d'*arcs brisés*, c'est-à-dire d'arcs formés de deux portions de cercle qui se croisent.

Archives, collection de pièces officielles concernant l'histoire d'une famille, d'une association, d'une ville ou d'un État.

Automate, objet qui, à l'aide d'un mécanisme intérieur, semble se mouvoir par soi-même.

Basoche, association des clercs du Parlement de Paris.

Bas-relief, surface recouverte de sculptures n'ayant qu'un faible relief.

Camée, petite sculpture faite dans une pierre dure composée de couches de différentes couleurs.

Coupole, intérieur d'une voûte construite sur un plan circulaire.

Dédicace (d'une église), cérémonie par laquelle une église est ouverte au culte.

Diplôme, écrit contenant l'énoncé d'un privilège accordé par un prince, un seigneur ou un évêque. Ce nom est d'ailleurs souvent donné à toutes les pièces officielles rédigées au moyen âge.

Diptyque, petit objet en forme de livre formé de deux plaques de bois ou d'ivoire réunies par une charnière.

Émail, poudre très fine faite de différentes substances chimiques que l'on étend sur une plaque de métal ou de terre et qui, cuite au feu, prend diverses couleurs. On donne le nom d'émail aux objets décorés par ce procédé.

Évangéliaire, manuscrit renfermant les évangiles.

Huchier, fabricant de meubles au moyen âge.

Incrusté. Un objet est dit incrusté lorsque, dans la matière dont il est composé, on a inséré des ornements formés d'une autre matière.

Main de justice, bâton terminé par une main en ivoire, porté par les rois pour attester leur droit de rendre la justice.

Miniature, aquarelle servant à illustrer les manuscrits comme les gravures illustrent nos livres.

Mosaïque, tableau pour l'exécution duquel on emploie au lieu de couleurs de petits cubes de marbres de couleur ou d'une pâte spéciale cuite au four, que l'on place les uns à côté des autres.

Moulure, bande en saillie sur une surface.

Nasal, partie d'un casque formée d'une lame d'acier qui protège le nez.

Oratoire, petite chapelle.

Outarde, oiseau échassier que l'on trouve en Europe, en Afrique et en Asie.

Ouvrage fortifié, petite forteresse.

Ovoïde, en forme d'œuf.

Penture, ornements plats en fer forgé, appliqués sur une planche de bois.

Pignon, partie terminale d'un édifice en forme de triangle.

Porche, petit édifice dont le toit est supporté par des colonnes et qui est accolé à la façade des édifices.

Portail, façade des églises.

Portique, galerie dont le toit est supporté d'un côté par un mur, de l'autre par des colonnes.

Prétoriens, soldats composant la garde des empereurs romains.

Repoussé. Un objet repoussé est celui dont on a fait bomber différentes parties à coups de marteau.

Retable, ouvrage de sculpture placé au-dessus d'un autel.

Rinceau, ornement formé de tiges de plantes qui se recourbent sur elles-mêmes.

Soubassement, partie inférieure d'une construction.

Substruction, partie d'une construction située au-dessous de la surface du sol.

Trésor, collection d'objets précieux conservés dans les églises ou dans les palais.

Tympan, partie du mur de la façade entre le linteau de la porte et les arcs qui s'élèvent au-dessus.

Verrière, ce mot est employé comme synonyme de vitrail.

Zodiaque, sculpture, peinture ou dessin figurant les douze signes qui, suivant les anciens, correspondaient aux douze mois.

Ouvrages consultés pour le choix des gravures

BAYET. L'art byzantin : Paris, in-8°.

BELLORI. Veteres arcus Augustorum triumphis insignes, etc. Rome, 1660. In-folio.

BORDIER ET CHARTON. Histoire de France. Paris, 1859. 2 vol. in-8°.

CAHIER ET MARTIN. Mélanges d'Archéologie. Paris, 1847-56, 4 vol. in-4°.

— Nouveaux mélanges d'Archéologie. Paris, 1874-77. 4 vol. in-4°.

— Vitraux de la cathédrale de Bourges. Paris, 1841-44, in-folio.

CARISTIE. Monuments antiques à Orange. Paris, 1856, in-folio.

GEO. T. CLARK. Mediæval military architecture of England. London, 1884, 2 vol. in-8°.

J. COMTE. La tapisserie de Bayeux. Paris, 1878, in-4°.

DOHME. Geschichte der deutschen Baukunst. Berlin, 1887, in-4°.

DURUY. Histoire des Romains, tome VII. Paris, 1885, in-4°.

A. ESSENWEIN. Kulturhistorischer Bilderatlas, tome II. Leipzig, 1883, in-4°.

FORSTER. Denkmäler deutscher Baukunst, Bildnerei und Malerei. Leipzig, 1855-69, in-folio.

GAILHABAUD. Monuments anciens et modernes. Paris, 1850, 4 vol. in-4°.

CH. GARNIER ET AMMANN. Histoire de l'habitation humaine. Paris, 1892, in-4°.

GAUSSEN. Portefeuille de la Champagne. Paris, 1865, in-folio.

J.-R. GREEN. History of the english people (édition illustrée). London, 1892. 2 vol. in-8°.

DE GUILHERMY et DE LASTEYRIE. Inscriptions de la France du Ve au XVIIIe siècle. Paris, 1873-1883. 5 vol. in-4°.

HEFNER-ALTENECK. Costumes du moyen âge chrétien. Francfort, 1850-1854. 3 vol. in-4°.

HELYOT. Histoire des ordres monastiques, religieux et militaires. Paris, 1714-1719, 8 vol. in-4°.

HENNE AM RHYN. Kulturgeschichte des deutschen Volkes. Berlin, 1886, 2 vol. in-4°.

F. HOFFBAUER. Paris à travers les âges, s. d. Paris, 2 vol. in-folio.

HÜBSCH. Monuments de l'architecture chrétienne depuis Constantin jusqu'à Charlemagne. Carlsruhe 1859-67, in-folio.

O. JÄGER. Weltgeschichte. t. II. Leipzig, 1889, in-8°.

B. KUGLER. Geschichte der Kreuzzüge. Berlin, 1880, in-8°.

P. LACROIX. Sciences et lettres au moyen âge. Paris, 1871, in-4°.

LASSUS ET DIDRON. Monographie de la cathédrale de Chartres. Paris, 1837, in-folio.

LASSUS ET DARCEL. Album de Villard de Honnecourt. Paris, 1858, in-4°.

DE LASTEYRIE. Histoire de la peinture sur verre. Paris, 1853-1857. 2 vol. in-folio.

G. LE BON. La civilisation des Arabes. Paris, 1884, in-4°.

MÉRIMÉE. Peintures de l'église de Saint-Savin. Paris, 1855, in-folio.

MONTELIUS. Antiquités suédoises. Stockholm. 1873-74, in-8°.

MONTFAUCON. Les monuments de la monarchie française. Paris. 1729-33, 5 vol. in-folio.

PRISSE D'AVESNE. L'art arabe d'après les monuments du Caire. Paris, 1869-1878. 4 vol. in-folio.

M. PROU. Manuel de paléographie. Paris, 1891, in-8°.

PUGIN. Public buildings of London. Paris, 1838. 2 vol. in-8°.

RÉTHORÉ. Les cryptes de Jouarre. Paris, 1889, in-8°.

REY. Architecture militaire des croisés en Syrie et en Asie Mineure. Paris, 1871, in-4°.

REYNAUD. Traité d'architecture.

ROHAULT DE FLEURY. Le Latran au moyen âge. Paris, 1877, in-folio.

ROHAULT DE FLEURY. La Messe. Paris, 1883, 4 vol. in-4°.

DE ROSSI. Mosaïques chrétiennes en Italie. Rome, 1872, in-folio.

SCHLUMBERGER. Un empereur byzantin au Xe siècle. Nicéphore Phocas. Paris, 1890. 1 vol. in-4°.

A. SCHULTZ. Das höfische Leben zur Zeit der Minnesinger. Leipzig, s. d. 2 vol. in-8°.

SILVESTRE. Paléographie universelle. Paris, 1841. 4 vol. in-folio.

STOTHARD ET KEMPE. Monumental effigies of great Britain. Londres, 1817, in-folio.

A. STRAUSS. Hortus Deliciarum, par l'abbesse Herrade de Landsperg. Strasbourg, s. d. in-folio.

STRUTT. The sport and pastimes of England. London, 1834, in-8°.

TOUR DU MONDE. Paris, 1860 et suiv., in-4°.

VERDIER ET CATTOIS. Architecture civile et domestique au moyen âge. Paris, 1853-57. 2 vol. in-folio.

VIOLLET-LE-DUC. Dictionnaire de l'architecture française du XIe au XVIe siècle. Paris, 1875. 10 vol. in-8°.

VIOLLET-LE-DUC. Dictionnaire raisonné du mobilier français, de l'époque carlovingienne à la Renaissance. Paris, 1874, 6 vol. in-8°.

DE VOGÜÉ. Architecture civile et religieuse de la Syrie centrale de IVe au VIIe siècle. Paris, 1866-77, 2 vol. in-4°.

DE VOGÜÉ. Les églises de la Terre Sainte. Paris, 1860, 1 vol. in-4.

WYATVILLE. Illustrations of Windsor Castle. London, 1841, 2 vol. in-folio.

TH. WRIGHT. Domestic Manners and Sentiments in England during the Middle Ages. London, 1862, in-8°.

Les gravures qui ne sont pas accompagnées de l'indication de leur provenance, ont été dessinées, soit d'après les originaux, soit d'après des photographies.

Parmi les ouvrages que nous avons le plus souvent consultés pour la rédaction du texte, outre la plupart de ceux qui sont indiqués ci-dessus, nous citerons surtout : LAVISSE et RAMBAUD : Histoire générale du IVe siècle à nos jours, tome I-III ; RAMBAUD : Histoire de la civilisation française, tome I ; ROSIÈRE : Histoire de la société française au moyen âge ; CAUSSIN DE PERCEVAL : Essai sur l'histoire des Arabes avant l'islamisme ; KREMER : Kulturgeschichte des Orients ; DIEHL : Ravenne ; DUCHESNE : Origines de la liturgie chrétienne ; FUNK : Histoire de l'Église ; JAL : Archéologie navale ; ZELLER : Histoire d'Allemagne ; REY : Les Colonies franques de Syrie au XIIe et au XIIIe siècle ; PIGEONNEAU : Histoire du commerce de la France ; HEYD : Histoire du commerce du Levant au moyen âge ; BOURQUELOT : Les Foires de Champagne ; LÉOPOLD DELISLE : Études sur la condition des classes agricoles en Normandie ; LUCHAIRE : les Communes françaises à l'époque des Capétiens directs ; LUCHAIRE : Manuel des institutions féodales ; GODEFROY : le Cérémonial français ; LECOY DE LA MARCHE : la Chaire française au moyen âge ; BOURGAIN : la Société au XIIIe siècle, d'après les sermons ; LECOY DE LA MARCHE : les Manuscrits et la Miniature : A. MOLINIER : Les Manuscrits : CH. THUROT : L'organisation de l'Enseignement dans l'Université de Paris au moyen âge ; MAITRE : les Écoles épiscopales et monastiques de l'Occident depuis Charlemagne jusqu'à Philippe Auguste ; QUICHERAT : Histoire du Costume ; L. GONSE : L'Art gothique ; H. LAVOIX : Histoire de la Musique au moyen âge ; enfin les notes manuscrites du Cours d'archéologie professé par M. CH.-V. LANGLOIS, chargé de cours à la Faculté des lettres de l'Université de Paris, qui nous ont été du plus grand secours pour ce travail.

CHAPITRE PREMIER
L'Empire romain et l'Église à la fin du IVᵉ siècle.

L'empire romain à la fin du quatrième siècle. — A la fin du ivᵉ siècle, l'empire romain comprend d'abord tous les pays riverains de la Méditerranée, l'Espagne, la Gaule, l'Italie, la péninsule des Balkans, l'Asie Mineure, le nord de l'Afrique ; puis le sud de l'Angleterre, la vallée du Rhin et celle du Danube. Tous ces pays sont soumis au même souverain ; les mœurs sont les mêmes ; les habitants portent les mêmes costumes ; les habitations sont construites de la même manière ; en un mot, c'est la même civilisation qui règne dans tous ces pays.

Les empereurs. — Jusqu'à la fin du ivᵉ siècle, l'empire n'eut qu'un seul maitre ; mais en 395 Théodose partagea ses États entre ses deux fils, Arcadius et Byzance, devenue celle de l'empire d'Orient. Depuis le règne de Dioclétien, les empereurs romains avaient abandonné la simplicité de mœurs des Antonins. Dioclétien, le premier, avait introduit à la cour impériale un cérémonial somptueux et une étiquette méticuleuse. Son exemple fut suivi par ses successeurs à la fin du ivᵉ siècle. L'empereur était vêtu d'une toge tissée de soie ; il portait des chaussures semées de pierreries ; sa tête était couverte d'un diadème rehaussé de perles. L'or éclatait sur toute sa personne ; sa toge était brodée d'or ; quand il sortait du palais, il montait sur un char orné de lames d'or et de pierreries et traîné par des chevaux aux rênes d'or (fig. 1-2-3).

Magnificence de la vie impériale. — Le palais impérial était décoré de somptueuses * mosaïques ; tous les jours

FIG. 1. — **L'empereur Honorius en costume militaire.** — D'après un *dyptique conservé dans la cathédrale d'Aoste (Italie). L'empereur tient dans la main gauche le *labarum*, drapeau de l'Empire ; dans la main droite un globe, symbole de l'Empire, surmonté d'une statuette représentant la Victoire (Duruy).

FIG. 2. — **Empereur en costume triomphal.** — Restitué d'après plusieurs monuments (*camée, statue, etc.). L'empereur, couronné de lauriers, debout sur un quadrige, char à quatre chevaux dont les harnais sont décorés de plaques métalliques, porte une cuirasse terminée par de courtes basques de cuir ; par-dessus, le *paludamentum*, manteau flottant réservé aux généraux en chef. C'était la tenue que l'empereur revêtait dans les circonstances solennelles.

Nota. — On trouvera page III l'explication des mots précédés de l'astérisque *.

FIG. 3. — **L'empereur Constance en costume consulaire.** — D'après une *miniature conservée à la Bibliothèque Barberini, à Rome. L'empereur porte une tunique à manches longues et ajustées (*dalmatique*), et, par-dessus, un manteau (*trabée*) richement orné. Il tient de la main droite une sorte de sceptre (Duruy).

Honorius. L'ancien empire romain fut divisé en empire d'Occident et en empire d'Orient ; cependant l'organisation des deux États resta la même et, tant que les Barbares ne se furent pas définitivement emparés de l'empire d'Occident, il n'y eut point de différence entre les deux empires. Les princes vécurent de la même manière à Ravenne, devenue la capitale de l'empire d'Occident, comme à on renouvelait la mince couche de sable d'or fin qui couvrait le pavé des appartements. Une foule d'esclaves se pressait dans la demeure impériale ; le palais était gardé par de nombreux soldats couverts d'armes d'or et d'argent. C'était dans cette splendeur continuelle que vivait l'empereur ; quand on avait obtenu accès auprès de lui, l'usage était de se prosterner et de l'adorer comme un dieu.

Tous les actes de la vie impériale, même les plus simples, donnaient lieu à des cérémonies. Un empereur avait-il passé quelques semaines dans une de ses maisons de campagne, il rentrait en grande pompe au palais au bruit des fanfares. A plus forte raison, les actes de la vie publique étaient-ils marqués par des cérémonies. L'installation d'un nouvel empereur se faisait au milieu des fêtes ; le moment principal était celui où l'on revêtait l'empereur des insignes impériaux. Il y avait de même une cérémonie lorsque l'empereur se donnait un collègue : en présence des troupes, sur une estrade ornée d'aigles, de statues, de drapeaux, l'empereur régnant appelait auprès de lui le prince qu'il voulait associer à son pouvoir ; il le présentait à l'assemblée, lui enveloppait les épaules d'un manteau de pourpre, lui ceignait le front d'un bandeau de perles et le proclamait César ou Auguste. Les deux collègues descendaient ensuite, prenaient place l'un près de l'autre sur le même char et rentraient au palais, escortés des troupes, acclamés par la foule. Aux funérailles de Constantin, le corps de l'empereur, revêtu de pourpre, fut déposé dans un cercueil d'or et placé sur une tribune ; tout autour étaient disposés des candélabres d'or allumés ; des soldats montaient la garde autour du cercueil. Aux heures fixées par l'étiquette, les chefs de l'armée, les comtes, les magistrats, puis les sénateurs défilèrent devant le cercueil, et, mettant le genou en terre devant la dépouille du prince, ils saluèrent le cadavre comme ils auraient salué l'empereur vivant.

Les fonctionnaires impériaux. — L'administration générale était confiée à de hauts fonctionnaires résidant auprès de l'empereur et constituant son conseil. On trouvait également dans les provinces un nombreux personnel : préfets, comtes, etc. Nous ne connaissons pas le costume ni les insignes de ces dignitaires, excepté ceux des consuls et de quelques magistrats. La pièce principale de leur costume était la *toge*, par-dessus laquelle était jetée une écharpe (fig. 4).

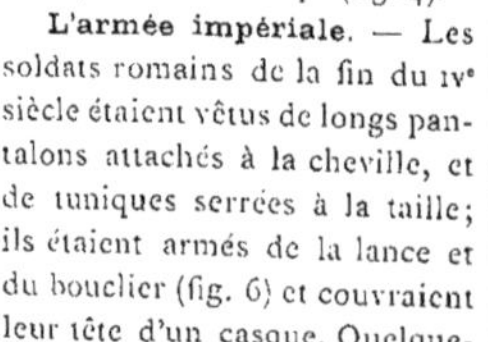

Fig. 4. — **Magistrat siégeant au tribunal.** — D'après un *diptyque conservé à la Bibliothèque de Berlin. Il est vêtu de deux tuniques à manches, passées l'une sur l'autre. Il porte une écharpe et a des chaussures de drap (Daremberg et Saglio).

L'armée impériale. — Les soldats romains de la fin du IVᵉ siècle étaient vêtus de longs pantalons attachés à la cheville, et de tuniques serrées à la taille ; ils étaient armés de la lance et du bouclier (fig. 6) et couvraient leur tête d'un casque. Quelquefois, ils remplaçaient ce casque par une simple coiffe. Les troupes de parade qui composaient la garde de l'empereur étaient revêtues d'armes étincelantes. La garde impériale comprenait encore des *cataphractes*, cavaliers recouverts des pieds à la tête d'un tissu de mailles d'acier. Au-dessus

Fig. 5. — **Général**, d'après un diptyque conservé à Monza, en Lombardie. Ce personnage, que l'on croit représenter Stilicon, est vêtu de bas ou de *chausses* collantes, d'une tunique brodée et d'une *chlamyde* très ornée ; il a aux pieds des souliers d'étoffe. Son bouclier, fait d'écailles de métal, est orné de deux médaillons contenant les portraits de l'empereur et de l'impératrice.

Fig. 6. — **Légionnaire**, d'après l'arc de triomphe de l'empereur Constantin, à Rome. — Il est vêtu de braies, d'une tunique courte, serrée à la taille, et est armé d'un casque, d'une lance et d'un bouclier. Il a des souliers de cuir (Bellori).

des troupes flottaient les enseignes dont quelques-unes avaient la forme de dragons de pourpre attachés à des

Fig. 7. — **Trompette**, d'après l'arc de triomphe de Constantin, à Rome. — Ce soldat est vêtu de braies, d'une tunique courte serrée à la taille et d'une chlamyde ; il porte un casque en métal orné d'une aigrette. Il a des chaussures de cuir (Bellori).

Fig. 8. — **Cavalier**, d'après l'arc de triomphe de Constantin, à Rome. — Son équipement est le même que celui des fantassins ; il monte sans selle ni étriers ; l'enseigne qu'il tient à la main a la forme d'un dragon (Bellori).

hampes incrustées de pierreries (fig. 8). Les généraux portaient le même costume que les soldats ; ils y ajoutaient un manteau sans manches très orné, appelé *chlamyde*, qui était attaché sur l'épaule. Ils portaient l'épée (fig. 5). Au IVᵉ siècle, de longues files de mulets suivaient l'armée chargés des bagages des soldats (fig. 9).

FIG. 9. — **Transport des bagages**, d'après l'arc de triomphe de Constantin, à Rome. Ces soldats portent sur la tête de simples coiffes au lieu de casques (Bellori).

Les esclaves. — La société dans l'empire romain était partagée en classes. D'abord on trouvait les *esclaves* dont la plupart vivaient dans les campagnes occupés à la culture du sol; ils étaient vêtus de courtes tuniques qui laissaient les bras et les jambes nus (fig. 10). Au-dessus des esclaves se plaçaient les *demi-libres, colons affranchis*, puis, parmi les hommes libres, la *plèbe* des villes; leur costume différait peu de celui des esclaves.

FIG. 10. — **Esclave.** — D'après un ʼdiptyque conservé au Cabinet des médailles à Paris. Il est vêtu d'une tunique à manches courtes, par-dessus laquelle est jeté un court manteau, a les jambes nues et les pieds chaussés de bottines de cuir.

Les curiales; les villes. — Les petits propriétaires ou *curiales*, qui formaient la classe immédiatement placée au-dessus des précédents, vivaient de préférence dans les cités où les plus riches d'entre eux exerçaient des fonctions municipales. A la fin du IVᵉ siècle, les villes étaient nombreuses dans l'empire.

Pendant le IIIᵉ et le IVᵉ siècle, beaucoup d'entre elles s'étaient entourées de murailles pour se mettre à l'abri des invasions des Barbares. On pénétrait dans ces villes par des portes monumentales ou par des arcs de triomphe; les rues étaient régulières; les monuments étaient nombreux. On y trouvait de vastes cirques, sur les gradins desquels le peuple venait assister à des courses de chars ou à des combats de gladiateurs extrêmement goûtés, des théâtres, de vastes palais, de nombreux temples. Beaucoup de nos villes conservent

encore des monuments de l'époque romaine; mais la plupart sont fort délabrés, et pour se faire une idée exacte de ces édifices, il faut se les représenter tels qu'ils seraient

FIG. 11. — **Porte romaine à Autun** (restaurée). A droite et à gauche des portes sont deux tours dont on n'aperçoit qu'une partie. Les deux grandes portes centrales servaient au passage des voitures et des cavaliers; les deux petites au passage des piétons (Reynaud).

s'ils étaient restaurés. Autun, Trèves conservent de belles portes monumentales (fig. 11 et 16); à Paris, on peut voir les

FIG. 12. — **Arènes de Nîmes** (intérieur). Ce monument fut achevé au IIᵉ siècle ap. J.-C. — Au centre, la piste où avaient lieu les courses; au-dessus les gradins, avec les passages qui y donnaient accès et qu'on appelait l'*omitoires;* enfin une plate-forme bordée de hautes murailles qui supportaient d'autres gradins, sous lesquels passaient des couloirs. La piste a environ 70 mètres de long sur 38 de large; l'édifice pouvait contenir 24 000 spectateurs.

ruines du palais de l'empereur Julien (fig. 18-19); Orange a un bel arc de triomphe (fig. 15), et un théâtre assez bien

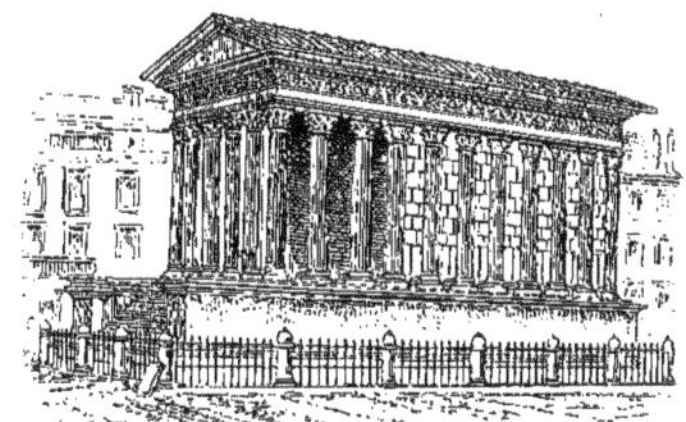

FIG. 13. — **La Maison Carrée à Nîmes.** — Temple élevé dans la première année de l'ère chrétienne par les fils adoptifs d'Auguste. Au dix-septième siècle, il servit d'église; de nos jours il a été isolé des maisons au milieu desquelles il resta longtemps enclavé et fut alors transformé en un musée d'antiquités gallo-romaines. C'est un petit édifice d'environ 25 mètres de long sur 12 de large.

conservé pour qu'on puisse, encore aujourd'hui, y donner des représentations (fig. 14); Nîmes, des arènes et un

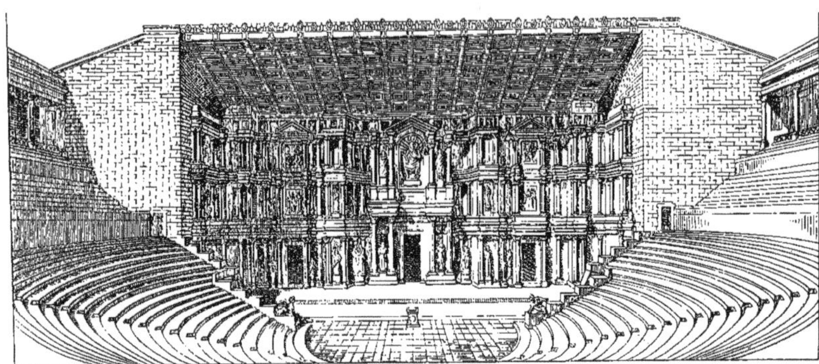

Fig. 14. — **Théâtre romain d'Orange.** (On pense que cet édifice fut construit au IVe siècle ap. J.-C. ; il est représenté ici restauré.) — Des gradins, on aperçoit le mur de fond de la scène, orné d'une somptueuse décoration fixe, comme c'était l'usage chez les anciens. Un toit, dont on a retrouvé les débris, protégeait la scène. On estime qu'il pouvait contenir 7 000 personnes. Il ne reste aujourd'hui de ce monument que le mur du fond très délabré et une partie des gradins (Caristie).

temple, la Maison Carrée (fig. 13), qui est l'un des édifices de ce genre le mieux conservé.

Ces villes différaient beaucoup de celles que nous voyons aujourd'hui. D'abord elles étaient en général beaucoup plus petites. Senlis aujourd'hui n'est pas une fort grande ville ; néanmoins elle est à peu près trois fois plus grande que l'ancienne cité gallo-romaine, dont l'en-

Fig. 15. — **L'Arc de triomphe d'Orange.** Cet arc date du Ier siècle après J.-C. ; il est représenté ici restauré. Au XIIIe siècle, il fut enclavé dans les murailles de la ville d'Orange et ne fut dégagé qu'au commencement de ce siècle. Sa longueur est de 19m,50, sa profondeur de 8m,50, sa hauteur de près de 19 mètres. Il est donc beaucoup plus petit que l'arc de triomphe de Paris (longueur, 45 mètres ; profondeur, 22m,50 ; hauteur, 46 mètres). — Les bas-reliefs sculptés sur cet arc de triomphe représentent des combats de cavaliers gaulois et de cavaliers romains, des trophées d'armes gauloises, et des prisonniers gaulois, hommes et femmes (Caristie).

ceinte existe encore aujourd'hui. Dans les cités gallo-romaines, les monuments étaient proportionnellement plus nombreux que dans les nôtres et s'entassaient sur un espace plus restreint. Enfin, dans nos villes, on s'efforce de dégager les édifices en aménageant autour d'eux de larges voies ; il n'en était point ainsi dans les cités antiques. Les grands monuments y étaient mêlés aux maisons ordinaires ; aux vastes et belles constructions étaient accolées les demeures très simples d'aspect et quelquefois même misérables de la plupart des habitants.

Les sénateurs ; la villa. — Enfin, la classe la plus élevée dans l'empire était celle des grands propriétaires, qui portaient le titre de *sénateurs*. Il suffisait pour mériter ce titre de posséder de grandes propriétés ou d'avoir exercé d'importantes fonctions. Les sénateurs habitaient en général à la campagne dans leurs *villas* (fig. 17). On appelait de ce nom de vastes habitations où le maître vivait entouré d'esclaves et de colons en grand nombre ; les petites maisons de ceux-ci se groupaient autour de celle du maître. Quelquefois, surtout dans le Nord, ces villas étaient entourées d'une enceinte

Fig. 16. — **La Porte Noire, à Trèves** (Prusse rhénane) dans son état actuel. Ce monument fut probablement construit au IVe siècle après J.-C. — Deux tours faisant saillie défendent l'entrée.

fortifiée. La demeure du maître se composait d'abord d'un groupe de chambres d'apparat disposées autour de la cour intérieure ou *atrium*, précédées d'un *vestibule* ; c'était là que le maître de la maison recevait ses invités, quand il donnait des fêtes. Derrière la cour, était un second corps de bâtiment où le maître de la maison vivait de préférence. Une des parties les plus importantes

Fig. 17. — **Villa gallo-romaine** au ivᵉ siècle, restituée d'après les descriptions des auteurs de ce temps. Au premier plan, une terrasse : au-dessous de cette terrasse, on aperçoit la villa avec ses différents bâtiments reliés par des portiques ; un chemin bordé d'arbres mène à la ferme autour de laquelle sont groupées les habitations des colons et des esclaves ; au fond un lac, avec un petit port, pour des embarcations de plaisance.

de ces habitations était les *thermes* ou bains, car le bain était une distraction favorite des riches Romains. Aussi, dans les ruines des maisons romaines, retrouve-t-on fréquemment les débris des bains (fig. 18-19). Il ne reste plus aujourd'hui de villas entières du ivᵉ siècle ; mais les écrivains de ce temps nous ont laissé quelques descriptions de riches habitations, et c'est à l'aide de ces renseignements qu'on peut essayer de se figurer la demeure d'un sénateur au ivᵉ siècle (fig. 17).

Les sénateurs ; le costume (v. fig. 20 à 24). — Le costume des sénateurs romains différait de celui des autres classes de la société romaine. Parmi les sénateurs, ceux qui avaient le goût des vêtements longs portaient une robe, la *dalmatique*, qu'ils recouvraient d'un long manteau, la *trabée*, rappelant un peu par sa forme l'ancienne toge (fig. 24). Ceux qui préféraient les vêtements courts, portaient des espèces de caleçons collants ou *braies* laissant le mollet nu, une courte tunique à manches longues et étroites, et sur leurs épaules ils jetaient un manteau sans manches (fig. 20). Souvent à ce costume était jointe une longue *écharpe* qui faisait plusieurs fois le tour de la poitrine (fig. 20). Les femmes portaient en général une ou deux longues robes à manches courtes passées l'une sur l'autre (fig. 21 et 23) et un grand manteau jeté autour du corps, le *pallium*.

Les enfants portaient, proportionné à leur taille, le même costume que leurs parents (fig. 22).

Le luxe dans l'empire romain. — Un des caractères de la société romaine de ce temps-là, c'est le luxe qui se manifeste dans le vêtement, l'habitation et la table. Les Romains avaient cessé de se vêtir de tissus de couleur simple et portaient désormais des étoffes richement ornées. On tissait dans la trame de ces étoffes des lions, des panthères, des ours, des taureaux, des chèvres, des arbres, des chasseurs ; les chrétiens faisaient représenter Jésus-Christ au milieu de ses disciples, ou accomplissant ses divers miracles. « Quand les riches passent en public avec ces tableaux sur le corps, dit un évêque de ce temps, les petits enfants se rassemblent, les montrent au doigt et rient en leur faisant la conduite. » Hommes et femmes avaient aux pieds des chaussures d'étoffe dorée. Les femmes relevaient leur robe avec des ceintures d'or décorées de pierres précieuses. On soignait beaucoup la coiffure ; les cheveux étaient frisés au fer et maintenus

Fig. 18. — **Thermes ou bains du palais de Julien, à Paris** (état actuel). — On voit encore aujourd'hui à Paris les débris d'un vaste palais construit au iv* siècle par Constance Chlore, pendant le long séjour qu'il fit en Gaule. Julien l'habita à son tour et y fut proclamé empereur en l'an 360. Ce palais devint ensuite la résidence des rois mérovingiens et carolingiens. Ce qui restait du palais romain au xv* siècle fut englobé dans les constructions de l'hôtel de Cluny, qui existe encore aujourd'hui et qui est un musée des antiquités du moyen âge et de la Renaissance.

Fig. 19. — **Thermes ou bains du palais de Julien** (restauration). — Le reste le plus considérable du palais de Julien est une grande salle de bains, que l'on voit représentée en haut de cette page dans son état actuel, et en bas telle qu'elle devait être au iv* siècle. C'était le *frigidarium* ou salle des bains froids. On voit au fond la piscine. Autour de cette salle, on a retrouvé, plus ou moins bien conservées, la salle des bains chauds, celle où était le fourneau qui servait au chauffage des bains, et quelques autres petites salles (Hoffbauer).

avec des bandelettes de drap d'or et de soie; sur la tête on plaçait un bonnet d'étoffe dorée. Les dames romaines connaissaient l'usage des faux cheveux et des perruques.

« Elles se fardent au point de paraître comme les images des divinités, dit saint Jérôme, et les larmes qui coulent sur leurs joues y laissent une trace. » Hommes et femmes

Fig. 20. — **Noble romain.** — D'après l'arc de triomphe de Constantin à Rome. Il porte des chausses collantes, une tunique courte à manches, et tient dans sa main l'extrémité d'une écharpe enroulée autour de son corps (Bellori).

Fig. 21. — **Dame noble.** — D'après une statuette conservée au Cabinet des médailles, représentant l'impératrice Ælia Flavilla, femme de Théodose. Elle porte un manteau (*stola*) sur une longue robe.

Fig. 22. — **Enfant noble.** — D'après un *diptyque conservé à Monza (Lombardie). Il est revêtu d'une longue tunique à manches étroites et d'une chlamyde attachée sur l'épaule. On croit que c'est le portrait du fils de Stilicon.

Fig. 23. — **Dame noble.** — D'après le *diptyque conservé à Monza, représentant probablement la femme de Stilicon, ministre d'Honorius. Tunique à manches serrée à la taille ; ample manteau. Elle est ornée d'un collier de perles et de boucles d'oreilles.

Fig. 24. — **Noble romain.** — D'après l'arc de triomphe de Constantin à Rome. Il porte une dalmatique et une trabée passées l'une sur l'autre, et a sur la poitrine une écharpe (Bellori).

s'inondaient de parfums et se surchargeaient les doigts de bagues et d'anneaux. Les femmes entouraient leur cou de colliers d'or et suspendaient à leurs oreilles de lourdes perles. Des éventails en plume de paon semés de roses ou de légers parasols complétaient cet attirail.

Le luxe des habitations riches égalait celui du vêtement. Des *mosaïques sur le pavé et sur la paroi des murs et des plafonds de bois doré embellissaient les appartements. « Partout brille l'or, dit saint Jérôme, sur les murailles, dans les lambris et sur les chapiteaux des colonnes ». Des tables de marbre précieux, des chaises, des escabeaux en argent massif, des lits dont le bois était incrusté d'ornements en or ou en argent et qui étaient recouverts de housses de soie chamarrées composaient l'ameublement.

Quant à la table, jamais, s'il faut en croire les écrivains du ivᵉ siècle, il n'y eut autant de gourmands qu'à cette époque. Les riches Romains à demi couchés sur des lits autour de tables en fer à cheval, mangeaient dans de la vaisselle d'or et d'argent des mets recherchés, tels que la chair d'esturgeon, de grue ou de cerf; ils buvaient des vins fins mêlés de miel; le vin était apporté dans des amphores si grandes qu'il fallait quelquefois deux hommes pour les porter.

L'Église chrétienne. — Au ivᵉ siècle, l'Église chrétienne prit place officiellement dans l'empire; les empereurs adoptèrent la religion nouvelle; les évêques purent tenir des assemblées ou *conciles* dans lesquels ils discutèrent les affaires de l'Église. Les prêtres chrétiens célébrèrent publiquement les cérémonies du culte dans les *basiliques*. Les moines vécurent honorés et tranquilles dans leurs *monastères*.

Le costume ecclésiastique. — Pendant longtemps les ecclésiastiques portèrent le même costume que les laïques. Mais à partir du vᵉ siècle, les laïques commencèrent à abandonner le costume romain ; les ecclésiastiques le conservèrent et se distinguèrent ainsi du reste de la société. Le costume des prêtres en Occident se composa désormais d'une tunique de dessous en lin, l'*aube*, serrée à la taille par une ceinture plate, puis d'un manteau large, la *chasuble* (fig. 26). Aux jours de fête, outre ces deux vêtements, le pape et les diacres portaient une seconde

Fig. 25. — **Diacre** (viiᵉ siècle), d'après une *mosaïque de l'oratoire de Saint-Venance à Rome. Il porte une dalmatique ornée de bandes noires (Rossi).

Fig. 26. — **Évêque** (viiᵉ siècle), d'après une *mosaïque de l'oratoire de Saint-Venance à Rome. Il porte l'aube, la chasuble, le pallium et le manipule (Rossi).

tunique à manches larges, qu'on nommait *dalmatique* (fig. 25). Tous ces vêtements étaient percés d'une ouverture pour laisser passer la tête. Ce costume se compléta par l'*orarium* qui prit ensuite le nom de *manipule*, pièce de lin blanche disposée sur le bras gauche, et par l'*étole*, longue bande d'étoffe qui retombait à droite et à gauche du cou sur le devant de l'aube. Dès la fin du ve siècle, le pape et les évêques à qui il avait conféré cet insigne spécial portèrent le *pallium*, large bande de laine blanche drapée autour des épaules et dont les deux bouts retombaient l'un par devant, l'autre par derrière (fig. 26). Le pallium remplaçait pour eux l'étole. Les évêques avaient encore l'*anneau* (fig. 29) et la *crosse* (fig. 30) qui ne devint cependant d'un usage général qu'au XIe siècle. Tous les clercs étaient déjà tonsurés.

Fig. 27. — **Baptistère des Orthodoxes** (ve siècle), à Ravenne (Italie). Ce baptistère est aujourd'hui une église. Il est représenté ici dans son état actuel. Les murs latéraux et la coupole sont ornés de splendides mosaïques.

Les basiliques (fig. 31-32). — Les édifices du culte chrétien étaient les *basiliques*. On les appela ainsi parce qu'elles furent à l'origine construites comme les basiliques païennes, édifices couverts qui servaient de tribunaux ou de bourses. Ces églises différaient grandement des nôtres. En avant de l'édifice était une colonnade entourant une cour carrée ; là se tenaient pendant l'office les pénitents qui étaient exclus de l'église pendant la durée de leur pénitence, et les catéchumènes, c'est-à-dire les nouveaux convertis qui, n'étant point baptisés, n'étaient pas encore admis dans l'édifice. Au centre était un bassin où les fidèles se lavaient les mains et le visage avant d'entrer dans le temple. Cette cour antérieure s'appelait *atrium*, comme les cours des maisons romaines auxquelles elles ressemblaient en effet. Il n'existe plus aujourd'hui de basilique chrétienne du IVe siècle qui ait conservé son *atrium* ; pour se représenter cette partie de l'édifice, il faut recourir aux descriptions que les auteurs chrétiens de ce temps nous en ont laissées (fig. 31).

On pénétrait dans l'église par des portes s'ouvrant sur la colonnade ; une fois dans l'église on avait en face de soi la grande *nef* séparée par des rangées de colonnes des nefs latérales. Tout au fond l'on trouvait un enfoncement à demi circulaire, c'était l'*abside* (fig. 32). Là se plaçaient les prêtres ; aucun laïque, pas même le souverain, n'y pouvait pénétrer.

Cette partie de l'église réservée aux prêtres formait le sanctuaire. Dans le sanctuaire on trouvait d'abord l'autel, fait en forme de coffre ou de table ; derrière l'autel, contre le mur de l'abside, était la chaire de l'évêque ; à droite et à gauche, le long de la muraille, était disposée une banquette de marbre, qui servait de siège aux prêtres. Lorsque le prêtre officiait, il faisait face aux

Fig. 28. — **Ciborium**. Petit pavillon élevé au-dessus de l'autel, suivant un usage qui s'est maintenu fort longtemps en Italie. Celui-ci, qui est du IXe siècle, est conservé dans l'église San Prospero, à Pérouse (Rohault de Fleury).

fidèles au lieu de leur tourner le dos comme il fait aujourd'hui. L'abside était séparée de la nef par des barrières. Souvent elle se prolongeait dans la nef par une sorte d'avant-corps entouré de barrières de marbre ; les chantres se plaçaient dans cet avant-corps ; on y trouvait aussi de petites tribunes appelées *ambons*, où les prêtres montaient pour lire les livres saints et prêcher (fig. 32). Les fidèles se tenaient dans la nef, les hommes d'un côté, les femmes de l'autre. Souvent, à côté des églises étaient placés les *baptistères*, petits bâtiments renfermant les cuves dans lesquelles on plongeait les nouveaux chrétiens pour les baptiser (fig. 27). Les édifices chrétiens conservèrent ces dispositions jusqu'au Xe siècle.

Les basiliques étaient magnifiquement décorées ; les murs étaient ornés de tablettes de marbre ou de tableaux en mosaïque ; les portes étaient ornées de lames d'argent ou d'ivoire ; les plafonds étaient en bois et habilement travaillés ; les autels étaient faits de bois, de pierre ou de marbre décorés de pierres précieuses, d'applications de lames d'or, et devant l'autel on suspendait des lampes d'or. L'autel était souvent placé sous un petit pavillon auquel on donnait le nom de *ciborium*. Il n'y a plus de *ciborium* en France ; mais l'on en trouve encore quelques-uns en Italie (fig. 28).

Fig. 29.— **Anneau** épiscopal (VIIe siècle) du trésor
de la cathédrale de Metz (Rohault de Fleury).

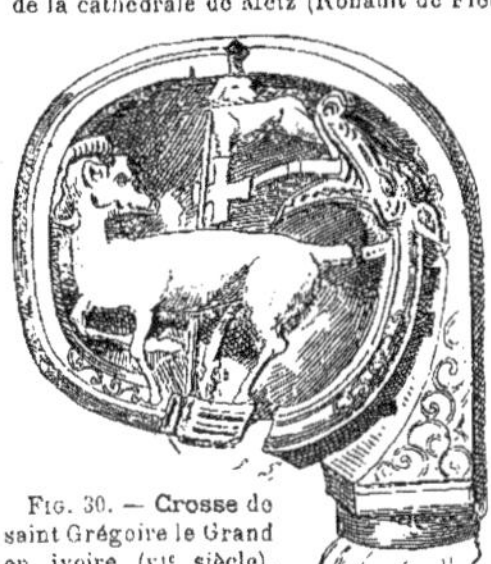

Fig. 30. — **Crosse** de
saint Grégoire le Grand
en ivoire (VIe siècle),
conservée à l'église
Saint-Grégoire, à Rome.
L'enroulement repré-
sente une tête de dra-
gon et l'agneau pascal (Rohault de Fleury).

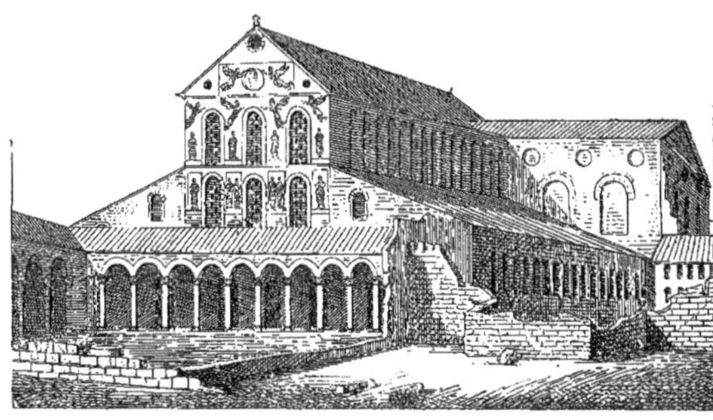

Fig. 31. — **La basilique de Saint-Paul hors les murs, à Rome.** — Ce monument, commencé par
Théodose en 386 après J.-C., fut achevé sous Honorius. Il subsista à peu près intact jusqu'en 1823 ; il fut
alors en partie détruit par un incendie ; mais il fut reconstruit presque aussitôt ; on eut soin, d'ailleurs,
de rétablir les nouvelles constructions sur le modèle des anciennes. On a représenté ici la basilique
telle qu'elle devait être à l'époque de Théodose, et on a supposé le mur d'enceinte en partie détruit
pour laisser voir la cour antérieure ou *atrium* et la façade (Hübsch).

Fig. 32. — **Chœur de la basilique de Saint-Clément, à Rome.** — On voit ici la partie de la basilique réservée aux prêtres. La basilique de
Saint-Clément fut reconstruite au IXe siècle ; mais on conserva soigneusement le plan et la disposition de l'ancienne église, construite au IVe siècle, dont on a
retrouvé d'importants vestiges ; nous sommes ainsi renseignés avec précision sur l'aménagement intérieur des grandes basiliques de l'époque de Constantin.
Au fond, l'*abside* aux parois ornées de mosaïques ; le banc sur lequel s'asseyaient les prêtres, le fauteuil de pierre ou *chaire* où l'évêque prenait place ;
l'*autel* surmonté du *ciborium*. Des barrières de marbre (*chancels*) séparent le sanctuaire de l'enceinte, faisant saillie sur la nef où se tenaient les chantres.
A droite et à gauche sont deux petites estrades ou *ambons* où se plaçaient les prêtres chargés de faire la lecture de l'Épître et de l'Évangile (Hübsch).

Fɪɢ. 33. — **La messe** au Latran au vɪɪᵉ siècle (restitution). Le moment ici représenté est celui où le célébrant prononce les prières par lesquelles l'hostie va être consacrée ; il est placé sous le ciborium, entouré du clergé ; en bas de l'autel, surélevé au-dessus de la crypte dont on aperçoit la fenêtre, les assistants sont prosternés, les uns à genoux, les autres inclinés dans une posture qui nous est révélée par les manuscrits de ce temps ; à droite les hommes, à gauche les femmes.

La célébration de la messe (fig. 33). — Ce n'est que vers le ɪvᵉ siècle que se fixa la *liturgie*, c'est-à-dire la règle des cérémonies du culte chrétien ; mais la liturgie variait alors suivant les différentes provinces ecclésiastiques. La messe, à cette époque, était beaucoup plus longue et plus compliquée qu'elle ne l'est de nos jours. A Rome, au moment de l'offrande, le célébrant et les assistants allaient à l'entrée du chœur recueillir les dons du peuple et du clergé. Les ecclésiastiques comme les laïques devaient apporter chacun leur part de pain et de vin. Le pape assisté des évêques et des prêtres recevait lui-même les pains ; l'archidiacre et ses collègues recevaient les burettes de vin. L'archidiacre faisait alors les préparatifs de la communion ; le célébrant prononçait les prières consécratoires et opérait la fraction du pain. Puis avait lieu la communion ; elle s'opérait alors par le pain et le vin et tous les assistants y avaient part. Le pape et avec lui les évêques, et les prêtres distribuaient aux fidèles placés à l'entrée du chœur l'eucharistie sous l'espèce du pain, et les invitaient à boire quelques gouttes du vin renfermé dans le calice. Le célébrant retournait ensuite à l'autel et après avoir invité l'assemblée à dire en commun une action de grâce, prononçait l'*Ite, Missa est*.

C'était ainsi qu'était célébrée la messe à Rome. En Gaule et dans quelques autres provinces, un sermon, qu'on appelait *homélie*, était prononcé après la lecture de l'Evangile. La communion était précédée d'une procession. On portait en grande pompe autour de l'autel le pain enfermé dans un vase en forme de tour et le vin mêlé à l'eau dans le calice. Puis on disposait le pain à l'autel sur une patène et on le recouvrait d'un voile précieux. Pour la communion en Gaule, les fidèles entraient dans l'avant-corps de la basilique réservé aux chantres et venaient jusqu'à l'autel. Pendant toute l'époque mérovingienne, la messe fut célébrée en Gaule en se conformant à ces usages.

Rome chrétienne. — Les églises étaient à Rome extrêmement nombreuses. Chaque pape tenait à honneur d'en construire de nouvelles dont beaucoup existent encore aujourd'hui, d'entretenir les anciennes et de les orner d'un splendide mobilier et d'ouvrages d'orfèvrerie. Les papes avaient leur résidence sur la colline du Cœlius qui prit alors le nom de Latran. Constantin y avait fait bâtir une basilique avec un baptistère et un palais épiscopal destiné au pape Sylvestre II. Les papes agrandirent et embellirent ce palais ; ils y firent élever des oratoires, des salles de réception, des salles pour la réunion des conciles, de vastes *portiques. De ces anciens édifices du Latran, il ne subsiste plus que le périmètre de l'église, les *substructions de nombreuses parties du palais, le baptistère et quelques-uns des bâtiments adjacents.

CHAPITRE II

L'Europe occidentale de la fin du IVe au Xe siècle; les royaumes barbares; l'empire franc.

Les Germains. — De bonne heure les Romains ont connu les *Germains*. Dès le n° siècle de l'ère chrétienne, Tacite décrivait leurs mœurs; il nous peint ces Barbares comme des hommes grands et vigoureux, au teint frais, aux yeux bleus, aux cheveux blonds, souvent roux. De même que les anciens Gaulois, ils portaient des pantalons ou *braies* attachés aux chevilles, une ou deux *tuniques* à manches, une courte blouse ou *saie* ou bien une peau de bête (fig. 34). Leurs femmes étaient vêtues de deux tuniques passées l'une sur l'autre (fig. 35). Leurs enfants, même lorsqu'ils étaient déjà assez grands, restaient nus.

Les Germains vivaient en petits groupes près des fontaines et des cours d'eau, au milieu des clairières ou sur la lisière des bois. Ils habitaient des cabanes en bois, à toit de chaume, éclairées seulement par la porte (fig. 36). Les hommes armés de l'épée, de la lance, du javelot, de la hache et du bouclier, passaient la plus grande partie de leur temps à la guerre. Lorsqu'ils ne guerroyaient pas, ils chassaient, jouaient aux dés ou dormaient. Les femmes et les vieillards cultivaient les champs et faisaient

FIG. 34. — **Germain** vêtu de braies longues, d'une tunique et d'un manteau à franges.

FIG. 35. — **Femme germaine** vêtue d'une longue robe serrée à la ceinture et d'un voile.

Ces figures sont empruntées aux sculptures de la colonne élevée à Rome en 180 après J.-C. en l'honneur de Marc-Aurèle et improprement appelée colonne Antonine.

FIG. 36. — **Un village germain** (restitution d'après les descriptions des auteurs anciens et les représentations de la colonne Antonine).

paître leurs troupeaux de chevaux, de bœufs, de moutons et de chèvres à longs poils (fig. 36). En somme, ils étaient moins civilisés que la plupart des tribus gauloises au moment où César fit la conquête de la Gaule.

Les invasions barbares. — Lorsque les Barbares pénétrèrent dans l'empire romain, ils firent un étrange contraste avec les Gallo-Romains, si élégants et si policés. D'abord arrivèrent les *Goths*, couverts de vêtements malpropres et de fourrures, puis les *Wisigoths* aux longs cheveux bouclés. Après eux, vinrent les tribus conduites par Radagaise: *Saxons* aux yeux bleus et aux cheveux ras, *Vandales* armés de cottes de maille, d'arcs et de flèches empoisonnées, *Hérules* aux joues peintes de vert, *Bur-*

nattes. Ils se rasaient le visage et portaient de fortes moustaches. Ils étaient vêtus d'une sorte de veste étroite faite d'étoffe bariolée, à manches, arrêtée au-dessus du genou et d'un mantelet analogue à la saie des anciens Gaulois (fig. 37 et 41). La veste était serrée par une ceinture à laquelle ils suspendaient leur bourse, leurs couteaux, leurs ciseaux, leur briquet, souvent une alène de cordonnier, un cure-dents, une pince à épiler, etc. Les cuisses et les jambes restaient nues ou étaient couvertes de chausses; ils avaient aux pieds de courts brodequins en peau poilue, maintenus par des courroies qui montaient en se croisant jusqu'au haut de la jambe. Ils aimaient fort la parure et se couvraient de bijoux (fig. 42).

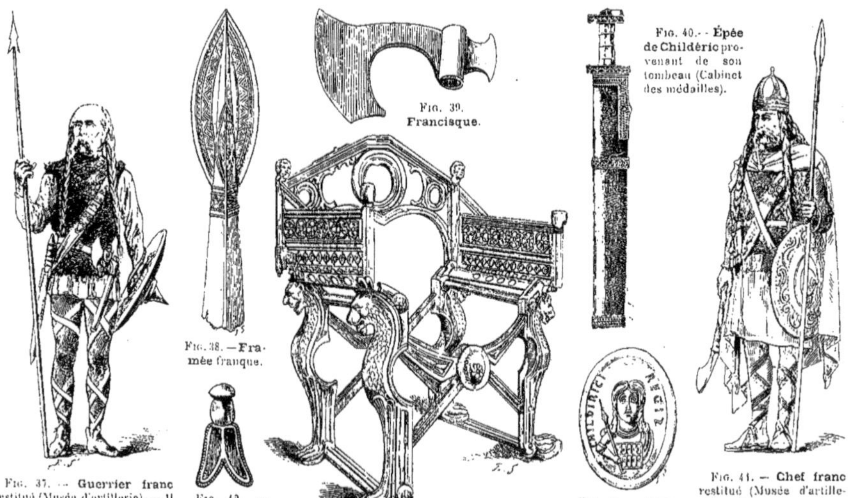

Fig. 37. — **Guerrier franc** restitué (Musée d'artillerie). — Il porte une veste couverte d'une fourrure, des lanières aux jambes et est armé d'une lance, d'une épée attachée à un baudrier, d'une hache et d'un bouclier.

Fig. 38. — **Fra-mée franque**.

Fig. 39. **Francisque**.

Fig. 42. — **Abeille** provenant du tombeau de Childéric. (Cabinet des médailles).

Fig. 43. — **Siège dit de Dagobert**, conservé longtemps à l'abbaye de Saint-Denis et attribué à saint Éloi. Restauré au XIIᵉ siècle par l'abbé Suger (Cabinet des médailles).

Fig. 40. — **Épée de Childéric** provenant de son tombeau (Cabinet des médailles).

Fig. 44. — **Sceau de Childéric** (458-481). — La légende *Childirici regis* signifie sceau du roi Childéric (Arch. Nation.).

Fig. 41. — **Chef franc** restitué (Musée d'artillerie). — Son costume et son armement sont à peu près les mêmes que ceux du guerrier. Il a, en plus, un manteau et sa tête est couverte d'un casque.

gondes hauts de sept pieds, à la voix rauque, aux cheveux abondants graissés de beurre rance, empestant l'ail ou l'oignon, etc. Derrière eux venaient les *Huns* qui étaient d'une autre race. Ceux-ci, vêtus de peaux de bêtes, étaient des cavaliers pillards, de petits hommes trapus, au corps grêle, à la tête énorme, aux yeux à demi fermés, au nez écrasé.

Les Francs. — Les Francs qui s'installèrent les derniers dans l'empire, vécurent d'abord sur la rive droite du Rhin, de l'embouchure du Main à la mer ; ils habitaient des villages fortifiés de palissades. C'étaient des hommes grands, aux cheveux roux tressés en longues

Comme armes, les Francs avaient la *dague*, l'*épée* à deux tranchants, enfermée dans un fourreau richement orné (fig. 40), le *coutelas*, la *framée* (fig. 38), lance à fer aigu et plat en forme de feuille de laurier, l'*angon*, javelot de fer effilé terminé par une tige barbelée et la *francisque* (fig. 39) qui était une lourde hache. Ils complétaient cet armement par un casque et un bouclier (fig. 41). A quelque différence près, les autres barbares étaient vêtus et armés comme les Francs.

Transformation de la société romaine. — Une fois établis dans l'empire, les différents peuples barbares empruntèrent un assez grand nombre d'habitudes aux peuples vaincus. Ceux-ci à leur tour se modifièrent au contact de leurs nouveaux maîtres. Une société nouvelle se forma qui eut des mœurs empruntées à la fois aux Germains et aux Romains.

Les rois mérovingiens. — En Gaule, à la tête de la société mérovingienne étaient les rois. Ils se distinguaient par leur chevelure flottante et soignée du reste de leurs sujets. L'insigne de leur pouvoir était la lance qu'ils tenaient à la main; mais, pour imiter les empereurs, ils se firent représenter sur leurs monnaies avec la toge consulaire et le diadème impérial. Ils s'asseyaient sur des trônes en métal,

palissadée munie de tours. Ces habitations, fréquemment construites en bois, comprenaient outre le logement du maître, des magasins, des écuries, des étables, des moulins à eau, des habitations pour les esclaves et les colons qui vivaient autour du maître (fig. 46). Celles-ci étaient soit des huttes d'argile, soit des cabanes en planches grossièrement assemblées, aux toits couverts de chaume et de roseau.

Les villes. — Les riches étant allés vivre dans les campagnes, les villes diminuèrent rapidement d'importance. Depuis les dernières années de l'empire romain, presque toutes s'étaient protégées contre les attaques

Fig. 45. — **Prêtre** (vııᵉ siècle). Il porte la chasuble, l'aube et les sandales; d'après une *mosaïque de l'oratoire de Saint-Venance à Rome (Rossi).

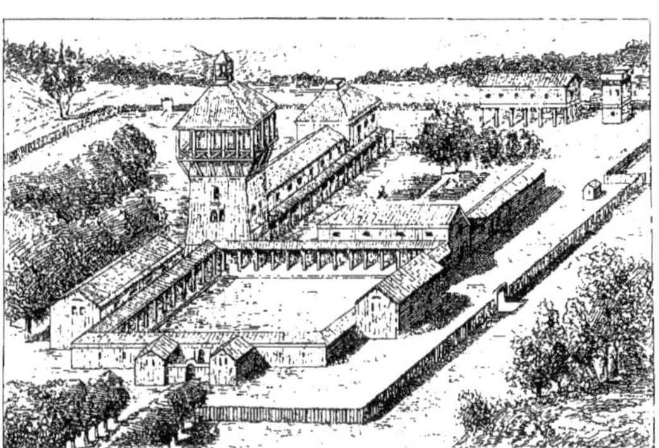

Fig. 46. — **Villa mérovingienne**, restituée. On aperçoit d'abord une grande cour entourée de portiques et de bâtiments d'habitation. Elle est flanquée à gauche d'une grosse tour en bois qui servait de défense. En arrière sont des bâtiments d'exploitation (Ch. Garnier et Ammann).

Fig. 47. — **Abbé bénédictin** (ıxᵉ siècle), d'après une miniature. Il porte le *cuculla*. Il tient en main la *crosse* (Viollet-Le-Duc).

dont nous avons encore un exemple dans le fameux siège dit de Dagobert (fig. 43). Ils eurent un sceau (fig. 44). Ces rois vivaient de préférence dans de grandes villas au milieu des forêts, auprès des rivières, à Compiègne, à Braisne-sur-Vesle, à Chelles, à Noisy, à Clichy, etc.

Le clergé. — Les prêtres (fig. 45) tenaient une grande place dans cette société où tous, Barbares et Romains étaient chrétiens. Ils vivaient dans les villes, habitant auprès des basiliques, dans des bâtiments contigus à ces édifices. Les moines devinrent plus nombreux. Saint Benoît fonda, vers 530, au mont Cassin, un ordre qui se répandit très vite en Occident. Les moines soumis à cette règle, les bénédictins, portaient un costume particulier composé de deux *robes* étroites de laine de couleur sombre et d'un *capuchon* ou *cuculle* (fig. 47).

Les habitations. — En temps de paix, grands seigneurs gallo-romains et francs vivaient de préférence à la campagne. Les premiers, surtout dans le Midi, habitaient de grandes villas construites à la mode romaine. Au nord de la Gaule, les riches Barbares demeuraient dans de grandes fermes protégées par un fossé et par une enceinte

des Barbares par une enceinte munie de tours. Les villes du Midi conservaient encore la plupart des monuments dont elles avaient été ornées à l'époque romaine. Les villes du Nord avaient eu plus à souffrir des ravages des Barbares; souvent elles avaient été rapidement reconstruites en bois; aussi étaient-elles facilement ravagées par des incendies. Les rois francs, désireux d'embellir leurs villes, y firent construire de nombreuses basiliques. De ces monuments, ou de ceux que leurs grands construisirent à leur exemple, il reste bien peu de chose. On peut citer, entre autres exemples, le baptistère de Saint-Jean à Poitiers (fig. 49) et l'une des cryptes de Jouarre (fig. 48). Une des plus importantes villes de la Gaule était déjà Paris. La ville proprement dite était alors renfermée dans l'île de la Cité; sur la rive gauche, on trouvait l'abbaye de Saint-Vincent, sur l'emplacement de laquelle s'élève aujourd'hui l'église Saint-Germain-des-Prés, élevée par Childebert, et l'abbaye de Sainte-Geneviève, auprès du palais des Thermes devenu l'une des résidences des rois francs; sur la rive droite, les abbayes de Saint-Germain-l'Auxerrois et de Saint-Laurent.

Fig. 48. — **Crypte Saint-Paul à Jouarre** (Seine-et-Marne), dans son état actuel. C'est le seul reste d'un monastère d'hommes et de femmes élevé à Jouarre par Adon, trésorier du roi Dagobert. Elle servit de chapelle funéraire pour Adon et sa famille, puis pour les abbesses du monastère. Cette crypte a été souvent remaniée; au lieu des voûtes qui s'élèvent au-dessus des colonnes, il y avait à l'origine un plancher. (Réthoré).

Fig. 49. — **L'église Saint-Jean à Poitiers** (état actuel). — Ce monument, construit au VIIᵉ siècle, mais souvent remanié depuis, servait autrefois de baptistère. La partie centrale en est la plus ancienne. Le clocher que l'on voit par derrière ne fait pas partie de cet édifice; c'est un clocher gothique appartenant à une autre église de Poitiers.

Les mœurs. — Les mœurs en ce temps devinrent singulièrement grossières. Les hommes étaient alors volontiers cruels. Dans les guerres, on ravageait le pays attaqué; on coupait les moissons, les vignes, les arbres fruitiers; on ne respectait ni les églises ni les monastères; on tuait, on massacrait sans pitié. Les exercices fatigants comme la chasse, les spectacles violents, comme les combats d'animaux, étaient les divertissements favoris des grands. Seuls quelques nobles d'origine gallo-romaine consacraient les loisirs que leur laissait l'exploitation de leur domaine, aux jeux de paume ou de dé, ou bien à la lecture et à des exercices de composition littéraire. Les uns et les autres étaient cupides; ils recherchaient avec avidité les bijoux (fig. 50), les pierres précieuses, les beaux objets d'orfèvrerie; ils aimaient passionnément les vêtements

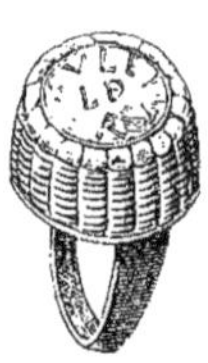

Fig. 50. — **Bague** à chaton (Cabinet des médailles).

somptueux, les voiles de soie et de lin. Les nobles et les princes entassaient ces richesses avec orgueil dans des coffres, au fond de quelque réduit secret de leur demeure. Si l'on en juge par les descriptions des festins que nous donnent les auteurs de ce temps, on était alors fort avide de nourriture; on mangeait de la viande, surtout de la viande de porc; la volaille était très goûtée, ainsi que le poisson, le saumon, les huitres. Les riches mangeaient du pain de froment et les pauvres, du pain d'orge. Les boissons les plus usitées étaient la bière, le poiré, le cidre et les vins. On buvait aussi un mélange de vin, d'absinthe et de miel. Après le dîner, les hommes continuaient à boire, et nous savons par Grégoire de Tours que ni maîtres ni valets ne buvaient modérément. Les convives se couchaient sur des couvertures de lin pourpré ou s'asseyaient sur des bancs recouverts de tapis.

Wisigoths, Ostrogoths et Lombards. — Les autres peuples barbares subirent comme les Francs, dans leurs mœurs et leurs coutumes, l'influence de la civilisation romaine. Devenus maitres de l'Espagne, les Wisigoths fondirent leurs lois avec celles de leurs sujets. Parmi ces peuples barbares se trouvaient d'habiles ouvriers : les belles couronnes des rois wisigoths conservées à Paris au musée de Cluny témoignent d'une grande habileté à travailler le métal (fig. 51). Chez les Ostrogoths, le plus grand de leurs souverains, Théodoric, travailla de tout son pouvoir à répandre parmi ses compagnons les mœurs des Romains. Il s'établit à Ravenne et s'y fit construire un palais d'après les principes de l'art antique (fig. 52); il prit lui-même le costume des hauts dignitaires de l'Empire, et imposa le vêtement romain à ses principaux officiers. Les Lombards eux-mêmes qui,

Fig. 51. — **Couronne** du roi wisigoth Reccesvinthe (649-672), trouvée en Espagne et conservée au musée de Cluny à Paris. On croit que cette couronne est le diadème que le roi portait lors de son sacre.

lorsqu'ils arrivèrent en Italie au VIIᵉ siècle étaient encore de farouches barbares conservant le costume et l'arme-

Fig. 52. — **Ruines** du palais de Théodoric, à Ravenne.

Fig. 53. — **Tombeau de Théodoric** (état actuel). C'est une rotonde couverte d'un seul bloc de pierre de 11 mètres de diamètre. Elle a été élevée vers 630 par Amalasonte, fille de Théodoric, pour servir de sépulture à son père. Plus tard, la sépulture fut violée, le cercueil ouvert et les ossements dispersés. Ce tombeau a été transformé en chapelle.

ment des Germains, prirent peu à peu les mœurs des vaincus. Les rois lombards tinrent leur cour à Pavie; les rares monuments qui nous les représentent nous les montrent portant des vêtements qui ne diffèrent pas des costumes romains. Leurs maisons ou leurs palais étaient construits comme les habitations romaines.

Les Carolingiens. — Les princes Carolingiens qui dans le courant du viiie siècle remplacèrent les Mérovingiens, furent des souverains beaucoup moins barbares que leurs prédécesseurs.

D'abord leur vie devint plus régulière et plus magnifique. Charlemagne, le plus souvent il est vrai, portait le costume des Francs; mais aux grandes fêtes, il se revêtait d'habits plus somptueux ornés de broderies d'or; il avait aux pieds des brodequins garnis de pierres précieuses; une agrafe d'or retenait sa saie et il marchait la tête ceinte d'un diadème étincelant d'or et de pierreries. Il ne nous reste de ce prince qu'un portrait authentique; c'est la *mosaïque de l'église Saint-Jean-de-Latran à Rome. Charlemagne est représenté sur cette *mosaïque avec le pape Léon III aux pieds de saint Pierre, qui remet une bannière à l'empereur et les clefs de l'Église chrétienne

Fig. 54. — **Portrait de Charlemagne**, d'après la *mosaïque de l'église Saint-Jean-de-Latran à Rome.

au pape. Le prince porte le costume franc (fig. 54).

Fig. 55. — **Dôme d'Aix-la-Chapelle** (restauration). — C'est l'ancienne chapelle du palais de Charlemagne construite sous la direction d'Éginhard par les architectes Anségise et Odo. Ce dessin est ce que les architectes appellent une *coupe*. Lorsqu'on est à l'intérieur d'un monument, on ne peut jamais en voir qu'une petite partie à la fois. Pour permettre de saisir l'ensemble des dispositions de l'édifice, les architectes supposent qu'on a comme coupé le monument dans la hauteur. On voit alors d'un seul coup toutes les parties de l'édifice que l'on a devant soi, comme on voit d'un seul coup la façade du monument. Les parties du dessin couvertes de traits obliques représentent la section qui est censée avoir été faite dans l'épaisseur des murs (Dohme).

Fig. 56. — **Sacre d'un prince carolingien** (restitution). — La scène se passe dans la basilique d'Aix-la-Chapelle. Sur les marches de l'autel, un évêque oint le prince, tandis que d'autres évêques tiennent sur des coussins les insignes du pouvoir dont on va revêtir le souverain ; auprès d'eux, quelques grands dignitaires ; dans la nef, la foule acclame le nouveau prince.

Comme Charlemagne avait rétabli l'empire, ses successeurs imitèrent les empereurs romains. Charles le Chauve portait le costume romain et une couronne semblable à celle des empereurs de Constantinople. Les princes avaient pour insignes le globe, le sceptre et l'épée. Leur garde avait un costume qui rappelait celui des ʻprétoriens romains.

Les palais impériaux. — Les princes mérovingiens vivaient rarement dans les villes ; les princes carolingiens les habitèrent au contraire volontiers. Du vivant de Charlemagne, Aix-la-Chapelle eut à peu près rang de capitale. Ce prince avait orné d'importantes constructions cet endroit où il se plaisait fort à cause des eaux thermales. Il y fit élever un palais, une église, un théâtre, des bains. De cet ensemble de constructions, il ne reste que le bâtiment appelé aujourd'hui le *Dôme*, destiné par Charlemagne à lui servir de sépulture (fig. 55). Quant au palais lui-même, il est malaisé de s'en faire une idée précise ; mais une description qui nous a été laissée du palais des ducs de Spolète, tel qu'il était au IXᵉ siècle, nous permet de nous figurer ce que pouvait être le palais de Charlemagne et nous montre que les demeures princières devaient être considérables. On y voit que cet édifice renfermait un vestibule, une salle de réception, un consistoire, grande pièce qui servait de tribunal, une sorte de réfectoire, des chambres d'hiver et d'été, des cuisines, un réservoir, des bains, un gymnase, un hippodrome.

La cour impériale. — Dès Charlemagne, une cour s'organisa ; elle se composait des membres de la famille impériale, des rois ou chefs des nations soumises, des fonctionnaires de tout ordre, des ecclésiastiques de la chapelle du prince, d'une nuée de serviteurs. Dans cette cour, il régnait déjà une certaine étiquette ; en toute circonstance, le prince se plaçait sur un siège élevé (fig. 57). Dans les cérémonies, les fonctionnaires avaient leur place fixée ; les cérémonies étaient surtout les fêtes religieuses célébrées en général avec une grande solennité, puis les réceptions des ambassadeurs, les mariages, etc. La plus importante de toutes était le sacre, dont l'usage avait été ignoré jusqu'alors (fig. 56). Cette cérémonie avait lieu en grande pompe ;

Fig. 57. — **Seigneur carolingien**, d'après une ʻminiature d'un manuscrit de la Bibliothèque nationale. Il est vêtu d'une tunique à manches longues, d'un manteau, de chausses attachées avec des cordons ; il a des bottines montantes sur lesquelles sont entrecroisées des lanières.

les évêques allaient recevoir le prince au seuil de la basilique et le conduisaient processionnellement au chœur. Là, le plus qualifié d'entre eux l'oignait d'huile sainte ; puis on le revêtait des insignes du pouvoir.

Le costume civil. — Le costume civil et militaire se modifia. Les hommes étaient vêtus de deux tuniques, l'une de fil, posée sur la peau, l'autre

Fig. 58. — **Chaussure** (IXe siècle) restituée d'après une miniature (Viollet-Le-Duc).

de laine (fig. 57). Ils portaient des braies et des chausses de toile, ordinairement teintes de vermillon. Leurs jambes étaient couvertes de bandelettes également vermeilles ; leurs souliers étaient de cuir généralement très orné (fig. 58). Ils jetaient sur leurs épaules un manteau gris ou bleu retenu à droite par une agrafe ou fibule (fig. 72), drapé sur l'épaule gauche ; pendant l'hiver, par-dessus la tunique, ils revêtaient une sorte de gilet de fourrure. Ils avaient les cheveux coupés à la romaine ; leur tête était nue le plus souvent ou bien ornée d'une bandelette. Presque toujours les grands portaient une épée longue avec pommeau et garde de fer, enfermée dans un fourreau de bois garni de cuir et couvert de toile blanche lustrée à la cire (fig. 60). L'usage des gants était général.

Les femmes étaient invariablement habillées de deux robes et d'un manteau placé sur la tête en manière de voile (fig. 59). La robe de dessous était droite et garnie de manches plates ; la robe de dessus était flottante et munie de manches larges et courtes. Une riche ceinture posée très haut serrait la robe. Les pieds étaient chaussés de souliers de couleur quelquefois très pointus, couverts et galonnés sur le dessus. Comme à l'époque mérovingienne, hommes et femmes apportaient une grande recherche dans leur costume. Le moine de Saint-Gall nous représente les grands de la cour de Charlemagne couverts d'habits faits de peaux d'oiseaux de Phénicie, bordés de soie, de plumes de paon, enrichis de la pourpre de Tyr et de franges d'écorce de cèdre. Les femmes se paraient de bijoux (fig. 74), de bracelets, de larges colliers, de cercles d'or et de pierreries passés dans la coiffure, etc. La propreté du corps n'était pas

Fig. 59. — **Dame carolingienne** d'après une miniature d'un manuscrit de la Bibliothèque nationale. Elle est vêtue de deux robes et d'un manteau orné de fleurs qui lui couvre la tête.

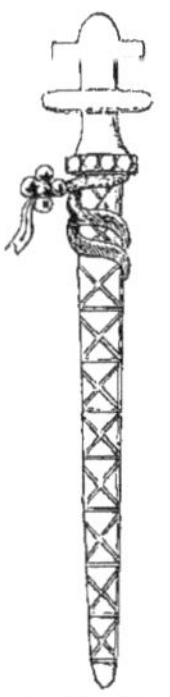

Fig. 60. — **Épée** (IXe s.), d'après une miniature (Viollet-Le-Duc).

négligée ; l'usage des bains est fréquemment mentionné.

Le costume militaire (fig. 61). — Le costume de guerre se composait de la *broigne*, sorte de cuirasse posée sur la tunique ; les riches la remplaçaient par une chemisette de mailles. Quelques guerriers portaient un casque formé d'une sorte de calotte de métal quelquefois conique, surmontée d'une aigrette également en métal. Presque tous les guerriers avaient un bouclier rond ou ovale. Les armes offensives étaient l'épée à deux tranchants, le sabre court, la lance de fer munie de deux crochets, le javelot, l'arc.

Les habitations carolingiennes ; le mobilier. — Les habitations de l'époque carolingienne différaient un peu des maisons romaines. Il n'y eut plus, comme dans les maisons romaines, d'appartements réservés aux femmes. Il n'existe plus d'ailleurs de maisons de l'époque carolingienne et ce n'est qu'à l'aide des peintures des manuscrits de ce temps qu'on peut se représenter ces habitations (fig. 62). Ces maisons

Fig. 61. — **Guerrier carolingien** (Musée d'artillerie). Il porte une tunique courte, par dessus laquelle est une cuirasse faite de plaques métalliques (*broigne*). Ses jambes sont entourées de lanières ; il a un vaste manteau, et sur la tête un casque ; il est armé d'une lance, d'une épée portée en baudoulière et d'un bouclier rond.

n'avaient en général qu'un rez-de-chaussée et un premier étage. L'intérieur, dans les demeures riches, était souvent décoré avec soin ; quelquefois des peintures et des mosaïques ornaient les murs. L'ameublement, ne se composait guère que d'armoires, de lits, de sièges, de tables et de pupitres. Les lits étaient des cadres en bois ou en métal entourant un plancher ; on s'y couchait sur des coussins et on s'y enveloppait de couvertures (fig. 64). Les sièges étaient le plus souvent des coffres de bois sur lesquels on plaçait des coussins ; d'autres étaient munis

Fig. 62. — **Maison carolingienne**, d'après une miniature (Ch. Garnier et Ammann).

de dossiers. De hauts candélabres portant des cierges semblables à ceux de nos églises ; des lampes à la manière antique suspendues au plafond, éclairaient les appartements. Il ne nous reste pas de meubles de l'époque carolingienne ; et c'est seulement par les miniatures des manuscrits de ce temps que nous en connaissons la forme.

Il semble que dans les repas on commençait à

Fig. 63. — **Un repas à l'époque carolingienne**, restitué d'après une miniature d'un manuscrit du Xᵉ siècle, conservé à la Bibliothèque nationale.

abandonner les usages romains. Dans les festins royaux les princes se plaçaient encore sur des lits, mais dans les repas ordinaires les convives s'asseyaient autour des tables (fig. 63). Le service était somptueux, mais on ne se servait encore ni de fourchettes, ni d'assiettes : on prenait les viandes avec les mains et chaque convive

Fig. 64. — **Lit carolingien** restitué d'après une miniature (Viollet-Le-Duc).

mangeait avec ses doigts. On se nourrissait surtout de venaison et de viande de porc.

Les villes carolingiennes. — Les villes ne s'étaient pas beaucoup agrandies depuis l'époque mérovingienne; elles formaient de petits groupes de maisons, réunies autour de la basilique, entourées de murailles et de fossés profonds. Beaucoup de villes nouvelles s'établirent alors, surtout en Allemagne, auprès des monastères qui y furent fondés en grand nombre sous les premiers princes de la dynastie carolingienne.

Progrès des mœurs au IXᵉ et au Xᵉ siècle. — Les mœurs devinrent alors plus policées. Sous Charlemagne, une renaissance intellectuelle se produisit. Dans les grands monastères on lut et on copia les manuscrits des anciens. Charlemagne, conseillé par Alcuin, prescrivit une réforme de l'écriture; l'écriture à peu près indéchiffrable des Mérovingiens (fig. 69) fut remplacée par une écriture plus régulière et facile à lire (fig. 70). On fit aussi à cette époque beaucoup de beaux manuscrits (fig. 67) illustrés de miniatures, décorés de lettres bizarres formées d'un assemblage de poissons (fig. 65), d'oiseaux, de figures humaines grossièrement dessinées (fig. 71), de feuillages compliqués et d'entrelacs (fig. 66 et 75). Ces manuscrits avaient de somptueuses reliures faites de plaques d'ivoire sculptées, encadrées d'ornements en argent et de pierres précieuses. Il en reste encore aujourd'hui quelques beaux spécimens dans nos bibliothèques. Charlemagne força les prélats à relever les églises tombées en ruine et à les décorer de peintures et de sculptures, et un capitulaire ordonna que des orfèvres seraient établis dans chacune des grandes villes de son empire. Louis le Débonnaire et Charles le Chauve prirent des mesures semblables. Les principaux artistes de ce temps furent des moines; on trouve parmi eux des architectes, des sculpteurs et des orfèvres. Il reste malheureusement peu de chose de leurs œuvres; les plus importants débris des monuments élevés alors, sont le dôme d'Aix-la-Chapelle, souvent remanié depuis (fig. 55), le portail de l'abbaye de Lorsch, en Allemagne; la petite église de Germigny-les-Prés (fig. 76) en France (Loiret). De la sculpture carolingienne, il ne reste que quelques chapiteaux retrouvés dans les ruines du palais d'Ingelheim, quelques pièces

FIG. 65. — **D majuscule** emprunté à un manuscrit du VIIIe siècle.

FIG. 67. — **Miniature** empruntée à la Bible de Charles le Chauve, dont elle forme la dernière page. Elle représente des chanoines du monastère de Saint-Martin de Tours, conduits par leur abbé le comte Vivian, offrant ce manuscrit au roi entouré de ses gardes. Ce manuscrit est conservé à la Bibliothèque nationale.

FIG. 68. — **Plaque d'ivoire sculp-tée** par Tutilo, moine de l'abbaye de Saint-Gall (IXe siècle) : au sommet, des rinceaux ; au centre, l'Ascension de la Vierge ; au bas, Saint Gall luttant contre des ours (Förster).

FIG. 66. — **F majuscule** emprunté à un manuscrit du VIIIe siècle.

FIG. 69. — **Écriture mérovingienne** ; fragment d'un *diplôme de Clotaire II (584-628) écrit en latin comme tous les *actes mérovingiens ; ce fragment comprend le début de la première ligne qui se lit ainsi : « *Deservientibus proficini in perfectus...* », et la signature du roi « *Chlothacharius rex* », Chlothaire roi. Les lettres des deux derniers mots sont mélangés ensemble et forment ce qu'on appelle un *monogramme* (Bordier et Charton).

FIG. 70. — **Écriture carolingienne.** — Ce fragment est emprunté à un manuscrit latin de la Bibliothèque nationale daté de 736. Il doit se lire ainsi : Anastasius natione romanus ex patre Maximo, se dit annos III dies x Hic.... c'est-à-dire : Anastase, romain de nation, fils de Maximus, siégea trois ans et dix jours. Celui-ci... (Prou).

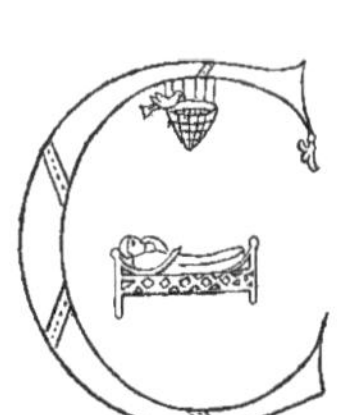

FIG. 71. — **E majuscule** emprunté à un manuscrit du VIIIe siècle.

FIG. 72. — **Boucle** (musée de Cluny).

FIG. 73. — **Calice** orné d'*émaux donné en 777 au couvent de Kresmünster par Tassillon, duc de Bavière, ainsi qu'en témoigne une inscription gravée autour du pied (Hefner-Altenek).

FIG. 74. — **Bijou** en forme d'aigle (musée de Cluny).

FIG. 75. — **M majuscule**, emprunté à un manuscrit du VIIIe siècle.

de bronze, quelques plaques d'ivoire dont les auteurs ont cherché à imiter les œuvres des artistes byzantins

Fig. 76. — **Chœur de l'église de Germigny-les-Près** (Loiret), d'après les relevés de M. Lisch; la date de ce monument (IXe siècle) a été déterminé par une description qui en a été faite par un écrivain contemporain.

(fig. 68). Nous avons encore de cette époque de belles pièces d'orfèvrerie. C'est que l'orfèvrerie fut alors l'art le plus cultivé, et les orfèvres fabriquèrent un grand nombre de pièces, vases (fig. 73), bijoux, statues, bas-reliefs, autels, portes d'église, etc. Les plus belles œuvres d'art que nous ayons conservées de l'époque carolingienne, ce sont de beaux manuscrits, qui renferment de remarquables miniatures (fig. 67).

Les Normands. — La prospérité dont l'empire franc jouissait pendant le règne de Charlemagne disparut sous ses successeurs. Les invasions des Normands contribuèrent pour une bonne part à cette décadence. Ces guerriers, venus du Nord, étaient, non pas de grossiers barbares, mais de hardis marins qui n'étaient pas beaucoup moins civilisés que la plupart des sujets de l'Empire franc. Ils étaient en général armés de casques, de cuirasses, de boucliers, de cottes de mailles, de sabres, d'épées, de haches et de javelots. Les bijoux et les armes, retrouvés en grand nombre dans les sépultures de leurs chefs en Danemark et en Suède, dénotent une industrie et un art assez avancés (fig. 77-79-80-81). L'adresse avec laquelle leurs navires étaient construits témoigne de leur habileté dans l'art de travailler le bois. Leurs vaisseaux étaient de petites dimensions, de forme allongée, ornés à leur proue de

figures sculptées; c'étaient ou la statue d'un homme ou bien un lion d'or, un dragon de bronze poli, un taureau aux cornes dorées; quelques barques avaient des ceintures

Fig. 77. — **Fibule** ou agrafe scandinave au musée de Stockholm (Montelius).

de fer et se terminaient par un éperon. Les dispositions intérieures de ces navires sont mal connues; les plus

Fig. 78. — **Navire normand** restitué d'après des miniatures du Xe et du XIe siècle (Jal).

grands seuls devaient être pontés; grands et petits allaient à la voile et à la rame. Ils n'avaient qu'un mât et qu'une voile souvent décorée de dessins coloriés (fig. 78).

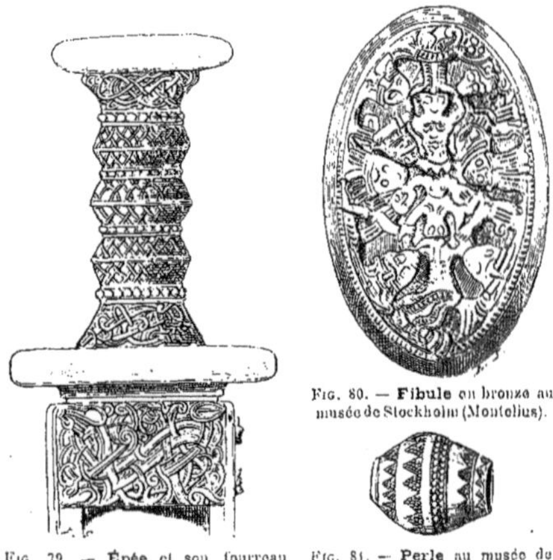

Fig. 79. — **Épée** et son fourreau au musée de Stockholm (Montelius).

Fig. 80. — **Fibule** en bronze au musée de Stockholm (Montelius).

Fig. 81. — **Perle** au musée de Stockholm (Montelius).

CHAPITRE III
Les Byzantins et les Arabes.

Constantinople. — L'empire d'Orient eut pour capitale pendant tout le moyen âge Constantinople. C'était une ville fort ancienne, qui existait déjà du temps des anciens Grecs. Elle s'était d'abord appelée *Byzance*, et elle reçut bibliothèques, universités, châteaux forts servant de casernes ou de prisons. Les places publiques étaient ornées de fontaines monumentales, de portiques, d'arcs de triomphe, de colonnes, de statues. Il y avait beaucoup

FIG. 82. — **Nef et abside de l'église Sainte-Sophie**. — On voit au fond restitués, l'autel et le portique ou *iconostase* qui garnissaient le fond de l'abside.

le nom de *Constantinople* (de deux mots grecs signifiant ville de Constantin) quand l'empereur Constantin vint s'y établir au IV⁰ siècle. Ses habitants continuèrent à porter le nom de *Byzantins*, et c'est pourquoi on appelle indifféremment l'empire dont elle fut la capitale, *empire byzantin* ou *empire d'Orient*. Constantinople était, au VI⁰ siècle, une grande cité entourée d'une double enceinte de murailles épaisses, munies de tours et de portes triomphales. En avant, s'étendait un large fossé qui avait plus de cinq lieues de tour. Les empereurs construisirent de nombreux édifices, thermes, bâtiments réservés aux grandes administrations publiques, hôpitaux, de rues étroites et bordées de maisons pour la plupart en bois, d'un ou deux étages, surmontées de terrasses; mais il y avait aussi de larges rues dallées bordées de maisons à arcades; sous les arcades s'installaient des marchands. Le long du rivage, autour de l'admirable port de la Corne-d'Or, s'allongeaient de vastes quais. C'est surtout par les descriptions des auteurs byzantins et des voyageurs arabes ou occidentaux, que nous connaissons l'aspect de Constantinople sous les empereurs byzantins; car, à part l'église Sainte-Sophie, il ne reste plus rien des monuments que renfermait Constantinople au moyen âge.

Sainte-Sophie (fig. 82); **l'Hippodrome**. — Sur la pointe qui domine le Bosphore s'élevaient les trois plus beaux monuments de la ville, *Sainte-Sophie*, l'*Hippodrome* et le *Palais impérial*. L'église de *Sainte-Sophie* avait été construite de 532 à 535, sur l'ordre de Justinien, par Anthémius de Tralles et Isidore de Milet. Ces deux architectes élevèrent un monument grandiose. L'église fut somptueusement meublée et magnifiquement décorée. La voûte de la grande *coupole centrale et les parois des absides étaient revêtues d'immenses *mosaïques; de grandes figures d'anges s'y détachaient sur un fond d'or ou bleu foncé. Sainte-Sophie existe encore aujourd'hui ; mais elle a été convertie en mosquée par les Turcs, quand ceux-ci se furent emparés de Constantinople en 1453. Au sud-ouest de Sainte-Sophie était l'*Hippodrome*. C'était dans l'Hippodrome qu'avaient lieu les courses de char : des cochers conduisant des chars à quatre chevaux (fig. 83)

FIG. 83. — **Étoffe** conservée au musée de Cluny. — Au milieu du médaillon est représentée une scène des jeux du cirque. Dans les personnages chargés de cornes d'abondance d'où s'échappent de petits disques, il faut voir une allusion aux largesses que les consuls avaient coutume de faire au peuple à l'occasion des jeux.

s'élançaient dans l'arène et rivalisaient à qui ferait le plus rapidement un nombre de tours déterminé. Les cochers étaient habillés de tuniques vertes ou bleues. Les Byzantins étaient passionnés pour les courses de char; ils se divisaient en *verts* ou en *bleus*, suivant qu'ils tenaient pour les cochers habillés de vert ou les cochers habillés de bleu, qui formaient deux sociétés rivales. L'ardeur des deux partis était si grande qu'ils en venaient quelquefois aux mains. L'Hippodrome était une longue piste terminée d'un côté par un hémicycle, de l'autre par la loge impériale. A droite et à gauche s'élevaient des gradins en marbre où s'asseyaient les spectateurs. La piste était partagée par un long mur, la *spina* (épine) terminée par des bornes surmontées de statues, et d'un obélisque. La loge impériale, très vaste et richement décorée était un véritable édifice; elle communiquait avec le palais impérial. Il ne subsiste presque plus rien aujourd'hui de l'Hippodrome.

Le palais impérial. — Le palais impérial commencé par Justinien fut agrandi par ses successeurs; au xᵉ siècle,

il fallait, dit-on, plus d'une heure de marche pour en faire le tour. La Chalcé ou le monument d'airain, ainsi nommée de sa haute porte d'airain, en était l'entrée; là se tenaient les gardes. Puis l'on trouvait une autre partie du palais, la Daphné, qui devait son nom à une statue célèbre de la nymphe Daphné. Enfin l'on pénétrait dans le Palais sacré, qui comprenait, avec les appartements privés de l'empereur et de sa famille, les salles destinées aux cérémonies, somptueusement décorées de *mosaïques. Il y avait, dans les huit cours du palais, des chapelles et des églises. Rien n'a survécu du palais impérial, et ce n'est que par les descriptions qui se trouvent chez les historiens byzantins que nous pouvons nous rendre compte de ce monument.

L'empereur. — Les empereurs byzantins avaient de magnifiques costumes; nous les connaissons bien, car, nous les voyons représentés sur les belles *mosaïques de l'église Saint-Vital de Ravenne (Italie), qui datent du viᵉ siècle (fig. 85-86), et sur de nombreuses *miniatures. L'empereur portait au viᵉ siècle une robe de soie brochée d'or recouverte d'une chlamyde de pourpre. Plus tard, la pièce principale de son vêtement fut une chlamyde blanche, lourde robe étincelante d'or et de pierreries. Il avait sur la tête un diadème, cercle de métal, orné de pierres précieuses (fig. 84); de

FIG. 84. — **Couronne** byzantine dite de Saint-Étienne, conservée au *trésor d'État du château de Buda (Hongrie); elle fut envoyée en présent par un empereur byzantin à un roi de Hongrie du xıᵉ siècle et sert encore aujourd'hui lors du couronnement des rois de ce pays (Schlumberger).

lourdes pendeloques, retombant à droite et à gauche, encadraient sa figure; il était chaussé de brodequins de pourpre ornés d'aigles, brodés d'or. Il tenait en main dans les cérémonies soit un globe, soit une *main de justice, soit la croix. Les jours d'audience, l'empereur s'asseyait sur un trône placé entre quatre belles colonnes qui supportaient un dais en forme de dôme et resplendissant d'or. Une statue de la Victoire, les ailes déployées, s'élevait au-dessus du trône tenant de la main droite une couronne de laurier qu'elle semblait vouloir poser sur la tête du prince. Le costume de l'impératrice était aussi magnifique et aussi pesant que celui de l'empereur.

L'étiquette; les cérémonies. — Les empereurs byzantins étaient soumis à une rigoureuse étiquette. L'emploi de chaque journée, de chaque heure de l'empereur était réglé par le cérémonial. Il avait pour chaque cérémonie un vêtement spécial et souvent même changeait à plusieurs reprises de costume dans le courant d'une même cérémonie. Les cérémonies étaient extrêmement nombreuses;

le plus souvent c'étaient des fêtes religieuses ou bien on y célébrait des événements de la vie publique

splendides costumes, venaient présenter au prince leurs salutations. Introduits par groupes successifs, ils se pros-

Fig. 85. — *Mosaïque de l'église Saint-Vital, à Ravenne, représentant l'empereur Justinien accompagné de quelques dignitaires de la cour et de sa garde, de l'évêque de Ravenne Maximien et de son clergé.

Fig. 86. — *Mosaïque de l'église Saint-Vital, à Ravenne, représentant l'impératrice Théodora et des dames de la cour. Justinien et Théodora assistent à la *dédicace de l'église et viennent offrir des présents.

ou privée, couronnement, triomphe, réception d'ambassadeurs, baptême, mariage ou funérailles. De longues processions se déroulaient alors à travers les rues et les places de la cité richement décorée; on faisait des stations aux monastères ou aux églises les plus vénérées. Sur tout le parcours se tenaient les *factions;* on appelait ainsi des espèces de gardes nationales qui faisaient la haie sur le passage de l'empereur, acclamaient et chantaient des hymnes en s'accompagnant sur des orgues d'argent. De retour au palais les dignitaires de la cour, revêtus de

ternaient devant l'empereur qui recevait leurs hommages, immobile, à peine différent dans son impassibilité des figures de *mosaïque qui ornaient les parois de la salle. Ces cérémonies se terminaient par un festin. Pour rehausser la majesté de l'empereur, on recourait quelquefois à des artifices étranges : ainsi, aux réceptions d'ambassadeurs, l'empereur s'asseyait sur un trône entouré d'arbres d'or dont les branchages portaient des oiseaux chanteurs mécaniques. Au pied du trône étaient placés des lions *automates qui se dressaient sur leurs pattes et rugissaient.

Fig. 87. — **Grand dignitaire** (vi° siècle), d'après une ° mosaïque de Saint-Vital à Ravenne.

Fig. 88. — **Enfant** (vi° siècle), d'après une ° mosaïque de l'église Saint-Apollinaire in Classe à Ravenne.

Fig. 89. — **Dame** (vi° siècle), d'après une ° mosaïque de l'église Saint-Apollinaire à Ravenne représentant une sainte.

Fig. 90. — **Grand dignitaire** de la cour (xi° siècle) d'après une ° miniature d'un manuscrit de la Bibliothèque nationale.

Fig. 91. — **Guerrier** (ix° siècle), armé d'un casque, d'une épée, d'une lance et d'une cuirasse qui, par sa forme, rappelle les cuirasses romaines; d'après une ° miniature d'un manuscrit de la Bibliothèque nationale.

Fig. 92. — **Prêtre** (xii° siècle), portant par-dessus son aube et sa chape un large pallium; d'après une ° miniature d'un manuscrit de la Bibliothèque nationale.

La vie privée; les habitations; le costume. — Les Byzantins conservèrent beaucoup d'usages des anciens. Leurs maisons (fig. 93) étaient construites à peu près comme celles des anciens. Autour d'une cour étaient disposés d'une part les appartements accessibles à tous, d'autre part les appartements réservés aux femmes. Le plus souvent, le premier étage était garni d'une galerie couverte formant promenoir. Quelques maisons avaient des tours, qui servaient de refuges en temps d'émeute. Le mobilier des riches était fort somptueux : c'étaient des tables, des chaises, des escabeaux ° incrustés de métaux ou de plaques d'ivoire finement sculptées, des coussins brodés de riches couleurs, des tapisseries retraçant des scènes de combat et de chasse.

Les usages de la table restèrent les mêmes que chez les Romains; les Byzantins continuèrent à manger couchés sur des lits autour des tables. Ce qui changea le plus alors, ce fut le costume (fig. 87-90); au lieu du vêtement des anciens Romains qui était fort ample, les Byzantins portèrent de longs vêtements ajustés au corps (fig. 90). Les étoffes étaient ornées, à la mode orientale, de dessins géométriques, d'animaux, de ° rinceaux, de bordures de feuillages (fig. 83). Les femmes avaient des robes étroites presque sans plis, ceintes très haut sur la poitrine et s'enveloppaient dans une draperie (fig. 89). Elles portaient beaucoup de bijoux; les femmes riches avaient des colliers à plusieurs rangs de pierreries et de perles. Des couronnes et des

Fig. 93. — **Maison byzantine restaurée** (vi° siècle); façade (Ch. Garnier et Ammann).

diadèmes d'où pendaient de brillantes pendeloques retenaient les voiles dont les femmes se couvraient les cheveux. L'armée (fig. 91) conserva l'équipement romain; mais les mercenaires occidentaux qui vinrent servir dans les armées byzantines y apportèrent l'usage de la cotte de mailles et du casque à ° nasal. Les prêtres (fig. 92) portaient à peu près le même costume que les prêtres d'Occident; les moines étaient vêtus de grands manteaux de couleur sombre.

L'art byzantin. — Il y avait de grandes richesses à Constantinople, où se faisait un commerce très actif; les empereurs, les grands personnages de la cour, les hommes instruits qui étaient en grand nombre avaient le goût des belles choses; il restait beaucoup de monuments, de statues et d'objets d'art de l'antiquité. Aussi l'art byzantin fut-il très remarquable. C'est du vii° au xiii° siècle que les artistes furent le plus habiles. Les architectes, en employant dans la construction des églises la ° coupole, créèrent une architecture religieuse originale (fig. 94). Il y eut à Constantinople de très bons peintres de ° miniatures; il existe encore des spécimens intéressants, quelquefois vraiment beaux, de leur talent (fig. 95). Nous possédons encore de très belles ° mosaïques byzantines (fig. 85-86). Enfin les nombreux objets épars dans nos musées et dans les ° trésors de nos cathédrales, plaques d'ivoire (fig. 96), coffrets habilement ciselés, autels, reliquaires, portes de bronze, fragments d'étoffes nous

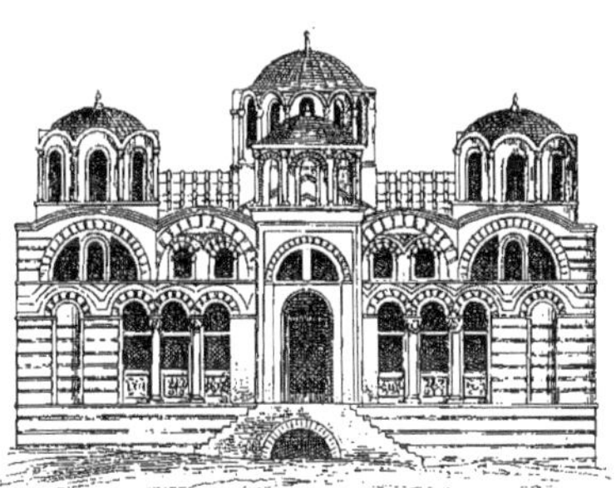

Fig. 94. — **Façade de l'église de la Mère de Dieu** (Théotocos), à Constantinople, construite au Xe siècle. C'est un des types les plus purs de l'architecture byzantine à cette époque (Gailhabaud).

Fig. 95. — **David** gardant son troupeau en jouant de la harpe : près de lui, la Mélodie inspire ses chants. (Miniature d'un manuscrit du IXe ou du Xe siècle, conservé à la Bibliothèque nationale.

Fig. 96. — **Plaque d'ivoire** (XIe siècle) représentant la Vierge assise sur un trône, tenant Jésus sur ses genoux (Cabinet des médailles).

prouvent la richesse et l'élégance de l'art byzantin.

Les Arabes avant Mahomet. — En face des Byzantins s'établit en Asie Mineure, au VIe siècle, le peuple arabe dont la civilisation se répandit sur toutes les rives méridionales de la Méditerranée.

Avant Mahomet, les Arabes étaient groupés en tribus, qui étaient nomades pour la plupart. Leur existence était très simple. Les hommes étaient habillés d'une blouse, d'un manteau de laine grossière, et d'un morceau d'étoffe sur la tête ; les femmes étaient vêtues de longues tuniques et de voiles couvrant la figure. Les nomades vivaient sous des tentes en poil de chameau. Les Arabes sédentaires habitaient des villes composées de maisons fortifiées de forme carrée. La plus grande de ces villes était

Fig. 97. — **La Caaba à la Mecque.** C'est un cube de pierre grise, renfermant une salle où l'on n'a accès que par une porte située à sept pieds au-dessus du sol. La Caaba est continuellement recouverte d'un voile noir (Lebou).

La Mecque ; là, se trouvait le temple de la Caaba où étaient réunies les idoles de toutes les tribus (fig. 97). Ces peuples se nourrissaient de dattes, de viande de brebis ou de chameau, et de pain. Ils buvaient du lait et du vin. Il n'y avait guère d'industrie ni de commerce ; la richesse des tribus consistait surtout en troupeaux de chameaux. Des disputes fréquentes entre toutes ces petites associations rendaient la guerre avant Mahomet à peu près continuelle. Les combattants étaient armés de cottes de mailles, de boucliers de cuir, de casques en cuir ou en métal munis par devant d'une lame couvrant le nez ; les guerriers avaient en outre des sabres, des lances, des arcs et des flèches.

Les Arabes après les conquêtes ; les palais des khalifes. — Les conquêtes des Arabes changèrent leur manière de vivre. Au VIIIe siècle, ils avaient conquis la Syrie et la Perse d'une part, le nord de l'Afrique et l'Espagne de l'autre ; ils habitèrent alors les villes et prirent le goût du luxe, qu'ils avaient trouvé chez les Grecs et les Perses qu'ils avaient vaincus.

Leur empire, qui n'avait eu d'abord qu'un seul chef, le

khalife, se divisa en plusieurs États. Les khalifes, qui avaient d'abord vécu simplement, imitèrent ensuite les empereurs. Ils vécurent dans des palais magnifiques, grands comme des villes. Le jardin du palais, à Badgad, avait une lieue de tour ; au milieu s'élevaient une foule de bâtiments, habitations de plaisance, kiosques, mosquées, tombeaux, galeries couvertes entourant des cours rafraîchies par des fontaines. Les marbres les plus riches, les mosaïques les plus éclatantes revêtaient les parois des salles. Dans le jardin étaient rassemblés les plantes les plus rares de l'Asie ou de l'Afrique. Il y avait aussi des parcs remplis d'animaux sauvages, des étangs poissonneux. Sans sortir de chez lui, le prince pouvait se donner les plaisirs de la chasse et de la pêche. Dans leurs palais, les khalifes entassaient un grand nombre d'objets précieux : ils avaient aussi des trésors d'une richesse inouïe.

Les khalifes. — Les khalifes prenaient rarement la peine de gouverner ; ils laissaient cette fatigue à leurs ministres. Cinq fois par jour, ils allaient dire les prières à la mosquée. Aux jours de fête, ils prêchaient. Leur costume était simple. Ils avaient sur la tête un bonnet pointu ; sur les épaules un manteau à manches, le manteau même du prophète Mahomet, qui est encore aujourd'hui conservé à Constantinople. Ils portaient au doigt une bague à cachet et tenaient un bâton à crochet qui ressemblait à une crosse.

L'étiquette ; les cérémonies. — L'étiquette avait d'abord été très simple. On tutoyait le khalife ; on s'asseyait devant lui sans lui demander d'autorisation ; mais, à la cour des Abbassides, on prit l'habitude de baiser les mains du khalife, puis le tapis sur lequel il était assis ; enfin il fut défendu de tousser, de cracher, d'éternuer devant lui et même de lui adresser la parole. Aux grandes audiences, on dressait sur une haute plate-forme carrée un siège où le khalife se tenait assis sur des coussins dorés. A droite et à gauche se groupaient ses parents, derrière lui, les dignitaires. Des troupes étaient rangées le long des murs de la salle. Souvent autour du trône étaient groupés des animaux féroces enchaînés ; on voulait ainsi étonner les ambassadeurs. A Bagdad, en 706, le khalife Moktadier reçut des envoyés byzantins ; il était assis sur un trône disposé au milieu d'un bassin de marbre rempli d'eau ; auprès se dressait un arbre d'or avec dix-huit rameaux d'où s'envolèrent des oiseaux artificiels.

Les fêtes des khalifes. — Les khalifes donnaient des fêtes magnifiques. En voici quelques exemples : un khalife fit une fois acheter toutes les roses de Bagdad et quand la cour fut introduite avec les chanteurs et les musiciens, les assistants virent tomber sur eux pendant toute la nuit des roses mêlées à de la monnaie d'or et d'argent. Un autre, épousant la fille de son vizir, célébra ce mariage par quarante jours de fête. Pendant la nuit des noces, on arrosa de perles les dames de la cour. Dans un repas, les convives furent tout à coup criblés de petits

papiers ; chacun contenait la mention d'une terre ou d'un lot de chevaux, d'esclaves ou de vêtements qui furent donnés en toute propriété aux heureux possesseurs des petits papiers.

Les armées arabes. — L'armée, d'abord composée uniquement d'Arabes, comprit plus tard des soldats levés chez les peuples soumis, puis des mercenaires turcs ou nègres. L'armement de ces troupes était en grande partie semblable à celui des Grecs auxquels les Arabes emprun-

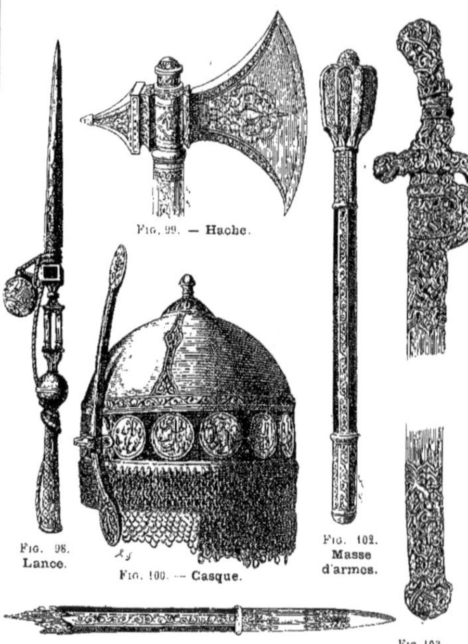

Fig. 99. — Hache.

Fig. 98. Lance.

Fig. 100. — Casque.

Fig. 102. Masse d'armes.

Fig. 101. — Pique.

Fig. 103. Épée.

La lance, la hache, le casque, la masse d'armes, la pique, conservés au Caire, constituaient l'armement d'un prince d'Égypte au xv° siècle.

L'épée du ix° siècle dite de Charlemagne, aujourd'hui conservée au trésor d'Aix-la-Chapelle, fut, suivant la tradition, envoyée à Charlemagne par Haroun-al-Raschid (Prisse d'Avesne).

tèrent la plupart de leurs usages militaires. Les Arabes avaient la passion des belles armes (fig. 98-103) ; et leurs lances, leurs épées, leurs haches, leurs casques étaient quelquefois de véritables œuvres d'art. Ils avaient des machines de guerre construites sur le modèle des machines byzantines. Beaucoup d'entre elles étaient destinées à lancer le feu *grégeois*, mélange de salpêtre, de soufre et de résine, dont la composition avait été découverte par les ingénieurs grecs.

Les princes arabes entretinrent sur la Méditerranée de grandes flottes composées de trirèmes et de galères à

Fig. 104. — **Femme** conduisant des chameaux.

Fig. 105. — **Arabes** chargeant un chameau.

Miniatures tirées des *Séances d'Hariri*, manuscrit du XIIIe siècle (Prisse d'Avesne).

la mode byzantine. A l'avant de ces vaisseaux étaient disposées des machines destinées à lancer le feu grégeois ; à l'arrière s'élevait une espèce de château fort où se tenaient les soldats.

La vie privée; le costume. — Après la conquête, les Arabes se vêtirent richement, habitèrent de somptueuses demeures et prirent l'habitude d'un grand luxe dans leurs repas.

Le costume des Arabes au moyen âge ne différait pas sensiblement de celui que nous leur voyons aujourd'hui (fig. 105). Ils portaient comme vêtement de dessous une chemise qui était le plus souvent en coton ; puis ils s'enveloppaient d'amples manteaux aux couleurs éclatantes ; ils couvraient leur tête d'un turban. Les femmes étaient vêtues de pantalons de soie bouffants, de chemisettes, de robes retenues au milieu du corps par une ceinture, d'amples manteaux (fig. 104). Leur tête était couverte d'une étoffe de gaze ou d'un voile retombant sur les épaules. Leurs vêtements étaient de préférence rouges, jaunes, bleus, jamais blancs. Elles exhaussaient leur taille à l'aide de chaussures à hauts talons. Elles se couvraient de bijoux, diadèmes, parures de front avec rubis, émeraudes et diamants, colliers de perles (fig. 107), turquoises, anneaux, bracelets (fig. 106) aux bras et aux pieds garnis de grelots, pendants d'oreilles (fig. 108), ceinture, etc. Hommes et femmes se far-

Fig. 106. — **Bracelet en or repoussé** (XIVe siècle).

Fig. 107. — **Collier en or** fabriqué à Grenade. (XIVe siècle).

Fig. 108. — **Pendant d'oreille.**

Ces bijoux sont conservés au Musée national d'archéologie, à Madrid.

daient et se parfumaient à profusion.

Les habitations. — Les Arabes construisaient leurs maisons à la mode byzantine. Au centre était une cour carrée souvent entourée d'une colonnade sur laquelle donnaient des salles de réception et les chambres d'habitation. Au milieu de la cour était une fontaine avec quelques arbres. Les pièces de réception pour l'été avaient chacune leur fontaine. En hiver, on plaçait au milieu de la pièce un brasier. Presque toujours la maison avait un premier étage qui n'avait sur la rue qu'un très petit nombre d'ouvertures. Les parois des chambres ou des galeries étaient décorées de peintures ou de mosaïques. L'ameublement était peu compliqué, mais souvent d'un grand luxe; il se composait principalement de nattes de jonc entrelacées de fils d'or, de riches tapis, de vases précieux (fig. 118), d'objets de Chine, de hauts candélabres (fig. 119), de lampes de métal ou de verre (fig. 120), de guéridons incrustés d'ivoire, d'or ou d'argent (fig. 121). Mais il n'y avait point de lit, les Arabes ayant l'habitude de coucher sur des tapis, des nattes ou des coussins que pendant le jour on rangeait dans une grande armoire. Il reste encore aujourd'hui quelques beaux palais arabes; l'un des plus remarquables est le palais de l'Alhambra à Grenade (fig. 109).

Fig. 109. — **L'Alhambra** (cour des Lions). — L'Alhambra, résidence des rois maures, était à la fois une forteresse et un palais. Il fut élevé au sud-est de Grenade, en majeure partie dans la seconde moitié du XIIIe siècle. Les salles les plus belles sont groupées autour de la cour des Lions, ainsi appelée d'une vasque située au centre et supportée par douze animaux qui figurent grossièrement douze lions.

Fig. 110. — **Une ancienne rue,** au Caire (Lebou).

Fig. 111. — **Mosquée d'Ahmed ibn Touloun, au Caire** (XIe siècle). On voit ici la galerie où se trouve le *Mihrab*, niche orientée vers la Mecque, devant laquelle viennent prier les musulmans, et le *Mimbar* ou chaire à prêcher (Prisse d'Avesne).

Fig. 112. — **Mosquée d'Hassan, au Caire.** — Ce monument, construit en 1356 par le sultan Hassan, est un des plus vastes édifices du Caire ; la grande coupole a 55 mètres de hauteur ; le plus haut des minarets atteint 86 mètres ; l'édifice a 140 mètres de long et 75 de large (Prisse d'Avesne).

Fig. 113. — **Porte de la citadelle Bab El Azab, au Caire.** Cette citadelle fut construite par Saladin (xiiᵉ siècle). Elle devint ensuite la résidence des princes et des gouverneurs (Prisse d'Avesne).

Fig. 114. — **Mosquée** de Cordoue construite au ixᵉ siècle, ayant 167 mètres de long et 36 de large. Elle sert maintenant au culte chrétien.

L'alimentation. — La nourriture devint également très recherchée. On cite l'exemple d'un riche Arabe qui se fit servir un plat de langues de poissons. Malgré la défense du Coran l'usage du vin était général. Les Arabes aimaient aussi beaucoup toutes les boissons alcooliques ; ils avaient quantité de boissons rafraîchissantes, eau de violette, sirop de fleur de saule, eau d'orge qu'ils buvaient au chalumeau, sorbet de sucre de rose, dissous dans de l'eau et rafraîchi avec de la neige.

Les villes arabes. — Au lieu de continuer à vivre dans les campagnes, comme avaient fait les Barbares en Occident, les Arabes vinrent s'établir dans les villes des pays qu'ils avaient conquis. Toutes ces villes se développèrent rapidement. Au xᵉ siècle, aucune ville d'Occident ne pouvait être comparée aux villes arabes, comme Damas, Bagdad, le Caire, Cordoue, Kairouan, Palerme. La plupart de ces villes étaient entourées de murailles et partagées en quartiers fermés par des portes ; ils pouvaient être ainsi isolés les uns des autres. Ces quartiers étaient un fouillis inextricable de ruelles étroites

Fig. 115. — **Mosquée d'El-Azhar**, au Caire, construite au XXᵉ siècle. C'est à la fois un édifice religieux et une école. Encore aujourd'hui « sous les arcades nombreuses de ses cours se tiennent accroupis, lisant et écrivant, sous la surveillance de nombreux maîtres, plus de 9 000 élèves venus de toutes les parties du monde musulman et distribués par nations ». Cet usage d'employer les mosquées comme établissements d'instruction a existé de tout temps chez les Arabes (Prisse d'Avesne).

pour empêcher le soleil d'y pénétrer (fig. 110). Les monuments de ces villes étaient les *mosquées* (fig. 111-112-114-115), édifices destinés au culte, grands bâtiments disposés comme les maisons autour d'une cour intérieure, souvent recouverts par des *coupoles richement décorées et surmontés aux angles de tourelles fort élevées ou *minarets* (fig. 115), d'où le prêtre musulman, le *muezzin*, annonçait l'heure de la prière; les *medresseh* (fig. 115), grands collèges publics où de nombreux étudiants étaient entretenus grâce à la charité de quelques riches musulmans, des hôpitaux, des bains publics, de grands bazars, marchés où l'on trouvait groupés ensemble les différents corps de métier, et enfin à tous les coins de rue des fontaines publiques.

Bagdad. — Pendant longtemps, la plus belle de ces villes, celle que les poètes arabes appelaient un paradis terrestre, fut Bagdad, la capitale des Abbassides. Elle avait la forme d'un cercle, que le Tigre partageait en deux parties. Une muraille en briques, précédée de fossés, l'entourait. Quatre lourdes portes de fer, surmontées de *coupoles dorées, donnaient accès dans la ville. Au centre était une grande place où se trouvaient groupés les principaux édifices; de nombreux jardins égayaient la ville; des citernes et des canaux distribuaient une eau abondante. Des ponts de bateaux reliaient les deux rives; sur la rive droite étaient rassemblées les maisons des grandes familles, à qui il fallait de vastes habitations, car chacune

Fig. 116. — **Couverture d'un Coran** du XVIᵉ siècle (Prisse d'Avesne).

Fig. 117. — **Vase en métal** (XIIIᵉ siècle) conservé au musée du Louvre.

FIG. 118. — **Ce vase** contribuait avec quelques autres à l'ornementation d'une des cours principales de l'Alhambra. Il est aujourd'hui conservé au musée de l'Alhambra.

FIG. 119. — **Flambeau** ayant appartenu à un sultan arabe du XVe siècle, conservé au Caire. (Prisse d'Avesne).

FIG. 120. — **Lampe en verre** ornée de caractères d'écriture arabe (musée de Cluny).

FIG. 121. — **Table** de bronze incrustée d'argent ayant appartenu à un sultan arabe du XVe siècle, conservée au Caire (Prisse d'Avesne).

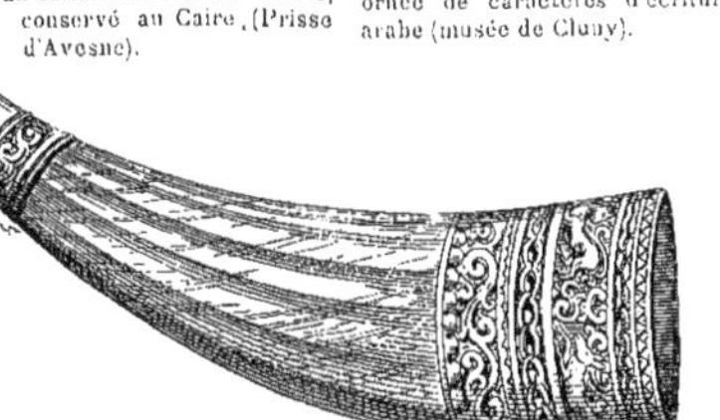

FIG. 122. — **Olifant** (IXe siècle) dit de Charlemagne, aujourd'hui conservé au trésor d'Aix-la-Chapelle. Il fut suivant la tradition envoyé à ce prince par Haroun-al-Raschid (Prisse d'Avesne).

FIG. 123. — **Faïence** hispano-mauresque (musée de Cluny).

FIG. 124. — **Étoffe de tenture.** Dans le médaillon du centre sont tissés deux lions *affrontés*, c'est-à-dire se faisant front, motif d'ornementation très employé par les artistes d'Orient (Prisse d'Avesne).

FIG. 125. — **Plat** destiné à servir de support à un vase nommé *alcaraza*, ayant appartenu au XVe siècle à un sultan arabe, aujourd'hui conservé au Caire (Prisse d'Avesne.)

d'elles entretenait une foule d'esclaves, de clients, de partisans.

Activité des Arabes. — Ces villes étaient habitées par une population laborieuse. Les rues étaient garnies de boutiques où travaillaient des orfèvres, des armuriers, des sculpteurs sur ivoire et sur bois, des fabricants d'ouvrages de cuir, des fabricants de poterie, des tisserands. Il nous reste de nombreux produits de l'industrie arabe, qui se font remarquer par leur caractère artistique (fig. 116-125). Dans les marchés, se réunissaient en grand nombre des marchands en rapport avec toutes les parties de l'empire arabe et avec les contrées les plus éloignées de l'Europe et de l'Asie. Les khalifes avaient à leur cour des artistes, des savants, des poètes, des historiens. Pendant qu'en Occident le goût des lettres et des sciences se conservait à grand'peine dans les monastères, on trouvait dans toutes les villes arabes des bibliothèques assidûment fréquentées, auxquelles on donnait le beau nom de « maisons de la sagesse ». Les Arabes étaient aussi de bons agriculteurs. Ils furent donc au moyen âge un grand peuple civilisé, parce qu'ils apprirent la civilisation des peuples qu'ils avaient vaincus.

CHAPITRE IV

L'Église au XIIe et au XIIIe siècle; les Croisades; le royaume de Jérusalem.

L'Occident après la disparition de l'empire carolingien. — Lorsque l'empire de Charlemagne eut disparu, il y eut des changements considérables dans tous les pays qui avaient composé cet empire. Des institutions et des mœurs nouvelles se formèrent; au xiie siècle apparut une civilisation nouvelle.

Dans tous les pays de l'Occident, les hommes furent divisés en trois classes : les *clercs* (prêtres et moines), les

Dante disait que la « beauté du Latran dépasse les choses mortelles ». Le pape y avait de superbes appartements; son lit entouré de riches tentures était surmonté d'un dais. Toute la nuit deux veilleurs demeuraient au pied du lit.

Clergé séculier et clergé régulier. — Le clergé se divisait en clergé *séculier* et clergé *régulier*. Les séculiers étaient les évêques et les prêtres mêlés à la vie du siècle, d'où leur nom de séculiers; les réguliers étaient les moines

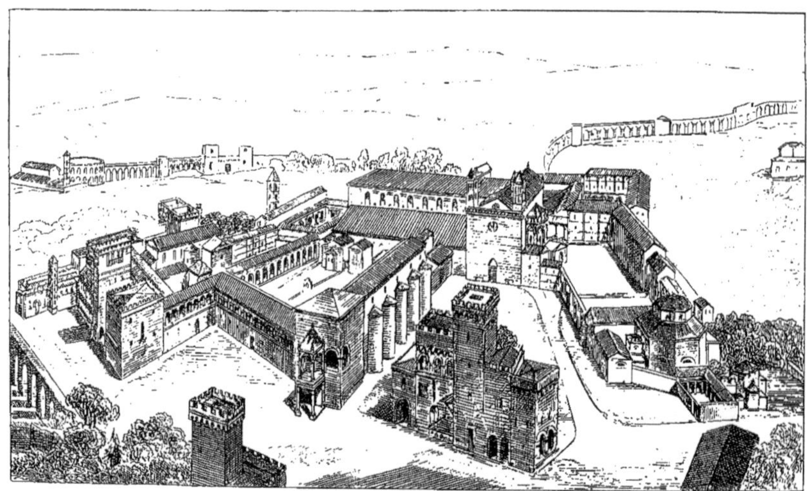

Fig. 126. — **Le Palais pontifical du Latran à Rome au début du xive siècle (restitution).** — On voit, au fond, les montagnes d'Albano, les murailles de la ville et l'aqueduc de Claude; à droite, la colline du Cælius, l'église Saint-Étienne-le-Rond; au centre le palais; sur le devant, l'habitation de la famille des Arribaldi. Parmi les bâtiments du palais, on aperçoit au fond la basilique avec ses deux clochers, précédée de l'atrium et d'un campanile, sorte de clocher isolé; sur la gauche, des tours défendant l'accès des appartements pontificaux; sur le devant du monument, des galeries reliant la demeure du pape à la basilique et à la grande salle flanquée de cinq absides, dans laquelle se tenaient les conciles; adossé à cette salle, sur la place, le petit édifice élevé à l'époque de Boniface VIII, du haut duquel le pape bénissait la foule (Rohault de Fleury).

nobles, les *paysans* ou *vilains*. Les clercs étaient nombreux, instruits et riches, et l'Église tenait le premier rang dans la société.

Les papes. — Le pape (fig. 127) était le chef reconnu de toute l'Église catholique. Il était vêtu comme les prélats; mais dans les cérémonies, il portait la *tiare*, mitre en forme de cône, plus élevée que celle des évêques. Il vivait à Rome dans le palais du Latran (fig. 126). Ce palais était célèbre par sa magnificence: au xive siècle,

vivant loin du monde et soumis à une règle, d'où leur nom de réguliers. Ces divisions sont encore en usage de nos jours dans l'Église catholique.

Le costume ecclésiastique; prêtres et évêques (fig. 128-131). — Les séculiers, évêques et prêtres, étaient revêtus de tuniques passées les unes par-dessus les autres. C'étaient l'*aube*, la *chasuble* et la *chape*; la *dalmatique* est réservée aux diacres (fig. 130). Ils ajoutaient à ces pièces l'*étole* (fig. 127), longue pièce d'étoffe qui faisait le

FIG. 127. — **Pape** XIIIᵉ s.); statue de la cathédrale de Chartres représentant le pape saint Grégoire le Grand (590-604) dans le costume d'un pape du XIIIᵉ siècle.

FIG. 128. — **Évêque** (XIIᵉ s.), d'après une plaque émaillée représentant Ulger, évêque d'Angers (1125-1149). Il porte l'aube, la dalmatique, la chasuble, l'amict et la mitre. De la main droite il bénit.

FIG. 129. — **Groupe de prêtres** (XIIIᵉ siècle). — Celui qui est près de l'autel est revêtu de la chasuble ; le second tient l'hostie et le troisième une sorte d'éventail ; d'après une miniature d'un manuscrit conservé à la Bibliothèque nationale.

FIG. 130. — **Diacre** (XIIIᵉ siècle) portant l'aube, la dalmatique, l'amict, l'étole et le manipule ; d'après une statue de la cathédrale de Chartres.

FIG. 131. — **Chanoine** (XIIIᵉ siècle), restitué d'après une miniature d'un manuscrit conservé à la Bibliothèque nationale ; il porte une tunique, le surplis et l'aumusse (Viollet-Le-Duc).

FIG. 132. — **Crosse épiscopale** (XIIIᵉ s.) trouvée à Luçon, en cuivre doré ornée d'émaux et de pierres précieuses ; travail de Limoges ; dans l'enroulement est représenté saint Michel (Musée de Cluny).

FIG. 133. **Gant** épiscopal (XIIIᵉ s.), avec ornements d'orfèvrerie, d'après une statue du portail de la cathédrale de Chartres.

tour des épaules et retombait en deux bandes par devant et par derrière, et le *manipule*, autre bande placée sur le poignet droit (fig. 127). C'étaient là les différentes pièces du costume des prêtres, quand ils disaient la messe ; elles sont encore en usage aujourd'hui. Ils avaient sur la tête une coiffe en toile, l'*amict* (fig. 128). Les chanoines (fig. 131) se distinguaient par le port d'un mantelet, l'*aumusse*, muni d'un capuchon de forme carrée et du *surplis*, vêtement de dessus blanc, tissu de lin. Les évêques conservèrent, comme signe de leur autorité, le *pallium* (fig. 128), l'anneau (fig. 135), la *crosse* (fig. 132) et la *mitre* (fig. 134), qui devinrent d'un usage général à partir du XIIᵉ siècle. Les prêtres, de quelque ordre qu'ils fussent, étaient chaussés de *sandales* et avaient les mains *gantées* (fig. 133) ; ils se rasaient la figure et le crâne, ne gardant autour de la tête qu'une couronne de cheveux. Les chapes étaient souvent faites de tissus de soie ; les chasubles décorées de broderies ; les mitres ornées de dessins, couvertes de perles et de pierreries (fig. 134). Les crosses admirablement sculptées, enrichies d'émaux, étaient de précieux objets d'art.

Le costume ecclésiastique ; moines et abbés. — Les moines étaient vêtus d'amples robes, et les différents ordres se distinguèrent par la couleur du vêtement. La robe des *bénédictins* (fig. 139) était noire ; c'était aussi la couleur de celle des *dominicains* (fig. 140) ; mais ils la

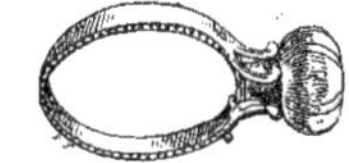

FIG. 134. — **Mitre** de saint Thomas Becket ornée de broderies (XIIᵉ siècle), conservée au trésor de la cathédrale de Sens.

FIG. 135. — **Anneau** épiscopal d'un évêque allemand du XIIᵉ siècle (Hefner-Haltoneck).

passaient par-dessus deux autres robes, toutes deux *blanches*. Les franciscains avaient, sur une tunique de laine, une robe *grise* ou *fauve* serrée à la ceinture par une corde à nœuds, d'où leur nom populaire de *cordeliers* (fig. 137) ; à l'origine ils ne portaient pas de chaussures ; les *carmes* étaient vêtus de robes zébrées de bandes *blanches* et *brunes* ; aussi les appelait-on frères *barrés* (fig. 136). L'habit des *religieuses* était composé de deux *robes* descendant jusqu'aux talons, d'une *chape* et d'un

5

Fig. 136. — **Carme**, il porte la chape rayée de bandes. (Helyot).

Fig. 137. — **Franciscain** (XIIIᵉ siècle), d'après une miniature d'un manuscrit conservé à la Bibliothèque nationale.

Fig. 138. — **Religieuse** du monastère de Saint-Odile, en Alsace (XIIᵉ siècle), d'après une miniature d'un manuscrit allemand. — Elle est vêtue de deux robes et d'un voile.

Fig. 139. — **Moine bénédictin** (XIᵉ s.), d'après les annales de l'ordre de Saint-Benoît. Il est revêtu de la *coule*, surtout sans manches muni d'un capuchon.

Fig. 140. — **Dominicain** ; il porte une courte chape noire. (Helyot.)

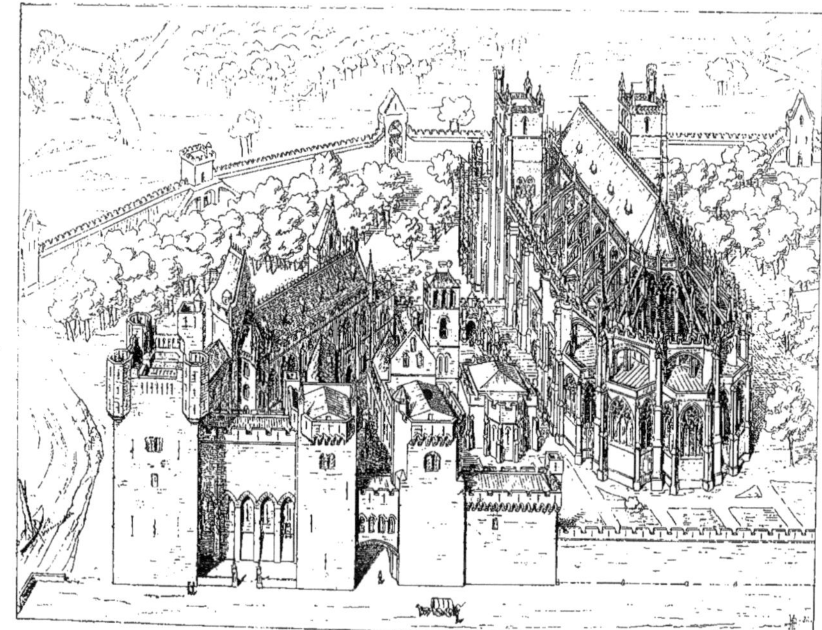

Fig. 141. — **Le palais épiscopal et la cathédrale de Narbonne.** — On distingue sur ce dessin, à gauche, le palais épiscopal construit au XIVᵉ siècle, défendu par une porte fortifiée et une énorme tour carrée ; un passage étroit et coudé amène à de vastes bâtiments d'habitation, défendus par deux tours ; un cloître, auquel est adjoint une petite chapelle, réunit le palais à la cathédrale ; au fond, derrière des vergers, l'enceinte de la ville. On a représenté ici cet ensemble d'édifices tel qu'il devait être au début du XIVᵉ siècle ; mais il n'existe plus aujourd'hui que la cathédrale et quelques fragments du palais épiscopal.

Fɪɢ. 142. — **Chœur de Notre-Dame de Paris**, tel qu'il était au xɪvᵉ siècle; on aperçoit en avant le *jubé* aujourd'hui détruit, au fond la galerie fermant le chœur, dont il reste quelques fragments (restitué par Viollet-Le-Duc).

voile. A partir du xɪɪɪᵉ siècle, elles rasèrent leurs cheveux et enfermèrent leur tête dans une *guimpe* (fig. 138).

Les édifices ecclésiastiques. — Les édifices ecclésiastiques étaient, comme aujourd'hui, les *églises* avec leurs annexes et les monuments *monastiques, abbayes* et *couvents*. Les églises de ville où résidait un évêque ou un archevêque, portaient le nom de *cathédrales*. Ces édifices n'étaient pas alors, comme aujourd'hui, des constructions isolées. Sur un des côtés de la cathédrale s'étendait le *cloître*, cour entourée de galeries où les prêtres pouvaient se promener en méditant. Autour du cloître étaient groupées les *habitations des chanoines, des écoles, des bibliothèques, des sacristies*, quelquefois un *hospice*. Le *palais épiscopal* était relié au cloître; il s'y trouvait en général, outre les appartements, une *chapelle*, une grande salle dite salle *synodale* qui servait aux réunions du chapitre. Au rez-de-chaussée, le tribunal de l'évêque siégeait dans les *salles basses;* quelquefois même, comme à Sens, le palais était muni de cachots. Le palais épiscopal était défendu par des murs crénelés et par des tours, et différait peu des palais seigneuriaux. Tous ces

Fɪɢ. 143. — **Cathédrale gothique** munie de ses flèches; figure théorique représentant la cathédrale de Reims entièrement achevée (Viollet-Le-Duc). Aucune de nos cathédrales n'a conservé tous ses clochers.

bâtiments étaient enfermés dans une enceinte et formaient dans la ville comme une petite cité (fig. 141).

La cathédrale (fig. 142-143). — La plupart de nos grandes églises étaient, sinon entièrement achevées, au moins en cours de construction à la fin du xɪɪɪᵉ siècle. A l'extérieur, ces monuments ont peu changé depuis lors; beaucoup d'entre eux ont seulement perdu les *flèches de bois* recouvertes de plomb qui terminaient leurs clochers (fig. 143); ces flèches ont été les unes détruites par l'incendie, les autres par la chute de la foudre. Il y a peu d'églises également qui aient conservé leur *parvis*, plateforme entourée d'une barrière en pierre qui précédait la façade de l'église. On y exposait les reliques de l'église; les personnages condamnés à la peine de l'amende honorable y subissaient leur châtiment; on y dressait des échafaudages pour la représentation des mystères. A l'intérieur les églises ont subi des modifications plus considérables. Elles ont presque toutes perdu leur *jubé;* c'était une galerie qui s'élevait entre la nef et le chœur qui était réservé spécialement aux prêtres. Deux escaliers à droite et à gauche menaient à une plate-forme où montaient les prédicateurs, car il n'y avait point alors de chaire à prêcher dans les églises (fig. 142).

La décoration était beaucoup plus riche; les fenêtres étaient ornées de *verrières;* la nef était remplie de tombeaux d'évêques couchés sur des dalles et de chevaliers

Fig. 144. — **Autel** de la cathédrale d'Arras, restitué tel qu'il était au
XIIIᵉ siècle. — Il est entouré de *courtines*; devant le tabernacle est
suspendue la boîte aux hosties (Viollet-Le-Duc).

Fig. 145. — **Châsse** en ivoire sculpté (XIIᵉ siècle), du trésor de
l'abbaye de Saint Yved à Braisne (Aisne). — Le couvercle est décoré des
figures des patriarches, des prophètes et des rois ; on voit ici Moïse, Isaïe,
Jacob, David, Salomon et Aaron. Sur le panneau inférieur sont représentés, à droite de l'ange figuré au centre, les trois rois mages, à sa
gauche la Vierge, saint Joseph et saint Siméon (Musée de Cluny).

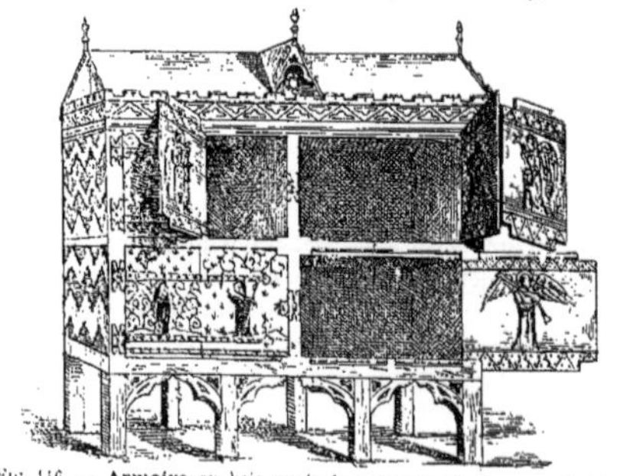

Fig. 146. — **Armoire** en bois, ornée de peintures (fin du XIIIᵉ siècle),
conservée à la cathédrale de Noyon (Gaill.abaud).

dans leur costume de guerre; aux piliers étaient adossées des figures de saints ou d'évêques; dans les chapelles fermées par des grilles étaient exposées sur des autels de bronze, de marbre ou de vermeil les reliques

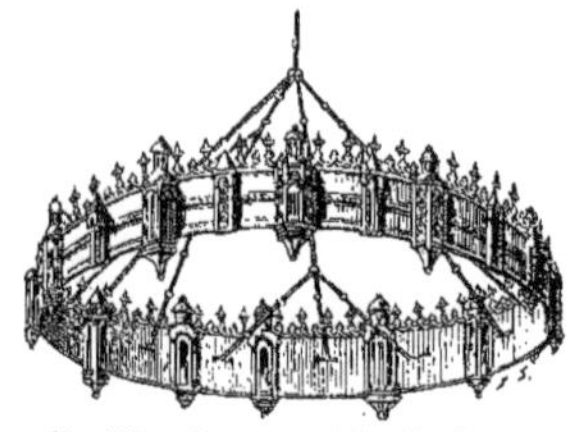

Fig. 147. — **Couronne** de lumière donnée par
l'empereur Frédéric Barberousse à la cathédrale
d'Aix-la-Chapelle et conservée dans cette église.

des saints enfermées dans des châsses (fig. 145); des armoires (fig. 146) peintes ou revêtues de lames d'or renfermaient les trésors de l'église. Les murs de la base aux voûtes étaient couverts de peintures; les chapiteaux étaient dorés; le sol était recouvert d'un dallage orné de dessins figurant soit les scènes de l'Ancien Testament, soit les signes du *Zodiaque. Quelquefois on y avait tracé un *labyrinthe*, sorte de chemin se repliant sur lui-même, que dans les grandes fêtes de l'année les fidèles suivaient à genoux tenant un cierge à la main et récitant des prières. Le chœur était entouré de tapisseries et de voiles; l'autel principal (fig. 144) était lui-même drapé de draperies ou *courtines* qui formaient autour de lui comme un réduit. Aux offices de nuit, l'église était splendidement éclairée par des chandeliers, des lampes d'argent, des couronnes de lumière (fig. 147).

Fig. 148. — **Grande croix** en cuivre
gravé et repoussé, décorée d'émaux;
travail de Limoges (XIIᵉ siècle). — Au
centre, le Christ en croix; à droite
et à gauche, la Vierge et saint Jean;
en bas et en haut, deux apôtres
(Musée de Cluny.)

Les fidèles au moyen âge aimaient passionnément leur église et l'enrichissaient de leurs dons. Les princes et les seigneurs faisaient don aux églises de riches objets précieux; ils donnaient des ciboires (fig. 151) enrichis d'émaux, des encensoirs (fig. 149) merveilleusement sculptés, des reliquaires (fig. 150) qui étaient de petits monuments, des croix processionnelles (fig. 148) ornées de pierres précieuses, etc. L'église était dans la ville le monument le plus fréquenté; elle n'était pas d'ailleurs exclusivement réservée au culte. On y réunissait des assemblées, on y jouait des mystères, on y rendait des jugements, on y tenait des marchés. La fête des Innocents et la fête des fous, cérémonies burlesques qui étaient l'occasion de mascarades, de danses et de chants quelquefois grossiers, étaient célébrées même dans les églises les plus révérées.

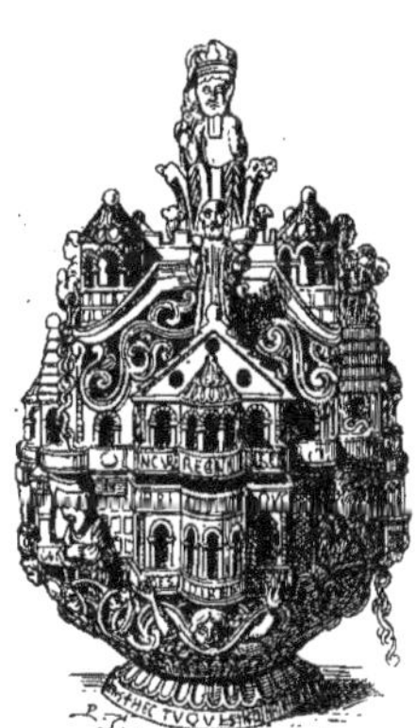

FIG. 149. — **Encensoir** allemand (XIIᵉ siècle) en forme d'édifice religieux conservé dans la cathédrale de Trèves (Viollet-Le-Duc).

FIG. 150. — **Reliquaire** en forme d'autel (XIIIᵉ siècle), conservé au trésor de la cathédrale de Reims (Viollet-Le-Duc).

FIG. 151. — **Ciboire** en bronze (XIIIᵉ siècle), signé d'Alpais, artiste de Limoges (Musée du Louvre).

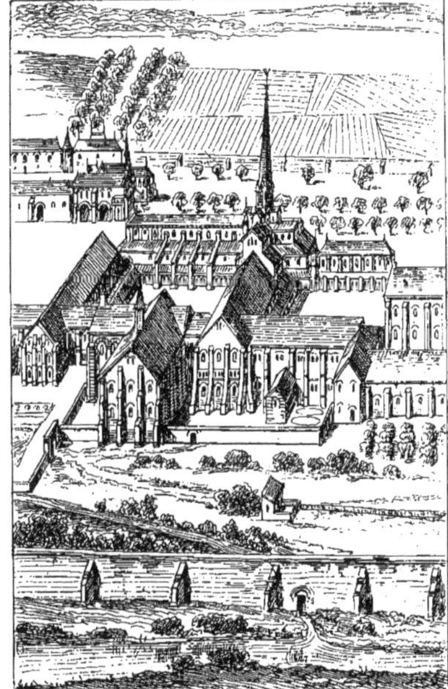

FIG. 152. — **L'abbaye de Cîteaux** au XIIIᵉ siècle, restituée par Viollet-Le-Duc, d'après une estampe de la Bibliothèque nationale. — A gauche de l'édifice, le bâtiment des hôtes; en avant de l'église, les bâtiments réservés aux moines groupés autour des deux cloitres; au premier plan les jardins de l'abbaye et le mur d'enceinte.

FIG. 153. — **Salle du chapitre** des moines à l'abbaye du Mont-Saint-Michel (XIIIᵉ siècle).

FIG. 154. — **Galeries** du cloitre de l'abbaye du Mont-Saint-Michel (XIIIᵉ siècle).

Fig. 155. - **L'office de Noël** (restitution). — Il était d'usage dans quelques villes, et notamment à Rouen, de célébrer la Noël d'une façon particulière. On établissait dans le chœur, derrière l'autel, une étable ; on y cachait, sous des rideaux une statue de la Vierge ; des prêtres, costumés en bergers, demandaient quand paraîtrait le Sauveur ; alors, un prêtre, soulevant les rideaux, leur montrait l'image de la sainte Vierge, devant laquelle ils se prosternaient, tandis qu'autour d'eux étaient chantées des hymnes. On voit ici représentée une scène de ce genre.

Les abbayes (fig. 152-154). — Les abbayes, le plus souvent établies dans les campagnes, avaient été fondées dans des lieux à l'origine déserts, soit au sein des forêts, soit au milieu des marécages. Les moines avaient eux-mêmes commencé le défrichement et la mise en culture de la contrée environnante. Une grande abbaye se composait d'abord d'une *église* plus petite en général que les églises des villes. Autour de l'église étaient groupés les *bâtiments monastiques*, la *maison de l'abbé*, les *logements des moines* avec *réfectoires, dortoirs, cuisines, magasins, celliers*, etc., le *cloître* qui était avec l'église l'édifice le plus soigné et le plus orné de l'abbaye (fig. 154), des *bibliothèques*, une *salle capitulaire* réservée aux réunions de la communauté (fig. 153), une *infirmerie*. Il y avait aussi la *maison des hôtes*, sorte d'hôtellerie où l'on donnait l'hospitalité aux voyageurs. L'abbaye comprenait encore tous les bâtiments nécessaires à une grande exploitation rurale : *granges, bouveries, étables, buanderies, moulin, pressoir, boucherie, tannerie, tissanderie*, etc. Elle était entourée de *jardins* et de *vergers*. Tous ces bâtiments étaient enfermés dans une *enceinte* flanquée de tours, munie de portes fortifiées et précédée d'un fossé. Telle de ces abbayes, comme Cluny, logeait plus de quatre cents moines ; on en comptait sept cents à Clairvaux, huit cents à Vézelay.

Les cérémonies religieuses. — La *messe* était désormais célébrée dans toute l'Europe suivant l'usage latin et, dans ses grands traits, elle ne différait pas beaucoup de l'usage suivi de nos jours. Alors s'introduisirent cependant quelques pratiques nouvelles. La coutume se répandit à partir du XIᵉ siècle d'élever l'hostie consacrée pour l'offrir à l'adoration des fidèles. Grégoire X ordonna de s'agenouiller à la messe depuis la consécration jusqu'à la communion. Depuis le XIIᵉ siècle, on cessa de donner la communion aux laïques sous les deux espèces ; d'ailleurs les fidèles ne communièrent plus qu'aux fêtes. Celles-ci, il est vrai, étaient nombreuses ; celles que l'on célébrait le plus magnifiquement étaient *Noël*, la *Circoncision*, la *fête des Rois*, la *Chandeleur*, les solennités du Carême et *Pâques*. Le jour de Pâques, l'on faisait une longue procession après laquelle tous les fidèles communiaient. Dans beaucoup d'églises, on avait pris l'habitude de représenter comme sur un théâtre, aux grandes fêtes de l'année, les scènes principales de l'Ancien et du Nouveau Testament, dont le souvenir était commémoré ce jour là. Des prêtres et des enfants de chœur se costumaient en personnages de la Bible ou de l'Évangile et jouaient une sorte de petite pièce dont les paroles étaient empruntées au texte de l'un ou de l'autre des livres saints (fig. 155). A partir du xnᵉ siècle, les principales époques de la vie de la *Vierge*, la *Nativité*, l'*Annonciation*, l'*Assomption* furent particulièrement fêtées. A ces cérémonies ordinaires s'ajoutaient les fêtes extraordinaires, *dédicaces des églises*, *translations de reliques* qui donnaient lieu à d'imposantes cérémonies; les reliques étaient pieusement portées sous des dais par des clercs, quelquefois par les plus hauts personnages de la cité. Toutes ces fêtes étaient célébrées avec un grand éclat; la foule s'entassait dans la nef de l'église somptueusement décorée, étincelante de lumière, vibrante du son des hymnes et des instruments de musique.

Les croisades. — En un temps où l'Europe était partagée en une foule de petits États ennemis les uns des autres, l'Église fut assez puissante pour réunir les chrétiens d'Occident dans un même élan contre un même ennemi. L'appel du pape Urbain II (1095) au concile de Clermont invitant les chrétiens à se réunir pour aller reconquérir sur les Sarrasins les lieux où s'était écoulée la vie du Seigneur, fut entendu de tous, nobles et vilains. Alors, à partir de ce moment eurent lieu, pendant plus de trois siècles, les *croisades* en Terre Sainte.

Les Sarrasins en Palestine. — La Palestine était alors aux mains des Arabes. Ceux-ci, qui avaient conquis à partir du vnᵉ siècle la Syrie et l'Asie Mineure, étaient, à l'époque des croisades, groupés en *émirats*, souvent à peine plus grands qu'un de nos arrondissements, sous la dépendance nominale des khalifes de Bagdad ou du Caire. La vie de ces seigneurs arabes n'était pas fort différente de celle des barons d'Occident; ils avaient, comme les seigneurs francs, le goût de la chasse, des passes d'armes, l'habitude de guerroyer à tout propos, les sentiments chevaleresques. Montés sur des chevaux rapides, ils

Fig. 156. — **Combat entre Croisés et Sarrasins**, d'après un fragment de vitrail de l'abbaye de Saint-Denis, aujourd'hui détruit, (Montfaucon).

combattaient avec des armes légères, le sabre à lame mince, la lance en bois de roseau, l'arc de bois léger, le bouclier de bois, la cotte de mailles et la casaque rembourrée (fig. 156).

Les croisés. — Les premières expéditions des croisés furent faites par des bandes armées, qui se réunissaient sans obéir à une direction commune. C'était une immense cohue de prêtres, de vilains et de seigneurs (fig. 158-159); les nobles s'avançaient à cheval ou en litière au milieu de lourds chariots qui traînaient leurs bagages. Frédéric Barberousse, le premier, ne voulut avoir dans

Fig. 158. — **Croisés en marche; au milieu des guerriers, un évêque à cheval.**

Fig. 157. — **Chevalier en costume de croisé** (xıııᵉ siècle), d'après une miniature d'un manuscrit conservé à Londres au British Muséum.

Fig. 159. — **Croisés en marche; pèlerins et cavaliers.** Ces deux vignettes proviennent d'un manuscrit de la fin du xıııᵉ siècle ou du début du xıvᵉ siècle conservé à Venise, qui contient un récit des croisades (Kugler).

son armée que des gens de guerre. On avait d'abord suivi la voie de terre; à partir de la fin du xııᵉ siècle, la voie de mer fut préférée. Les navires faisaient route de conserve le plus souvent possible pour se défendre plus sûrement contre les corsaires arabes et gagnaient Acre, le grand port de débarquement en Palestine.

Le royaume de Jérusalem. — Après la prise de Jérusalem, les croisés formèrent avec les pays enlevés aux infidèles un royaume qu'ils appelèrent royaume de Jérusalem, et dont ils confièrent le gouvernement à Godefroy de Bouillon qui reçut le titre de roi de Jérusalem. Les chevaliers qui demeurèrent en Palestine auprès du nouveau prince, furent presque tous des Français; ils devinrent les possesseurs du sol qu'ils firent cultiver par les indigènes. Ceux qui voulurent se consacrer plus activement au service de Dieu entrèrent dans les *ordres militaires* qui se formèrent alors, les Hospitaliers de Saint-Jean de Jérusalem, les Templiers (fig. 160), ou dans l'Ordre Teutonique. Ces ordres étaient composés de moines soldats; leurs membres portaient l'armure des chevaliers, et par-dessus un manteau noir avec croix blanche, pour les Hospitaliers, blanc avec croix rouge pour les Templiers, blanc avec croix noire pour les chevaliers teutoniques.

Les marchands, qui formèrent la bourgeoisie des villes, étaient presque tous originaires de Gênes, de Venise et de Pise. Ils avaient pris une part active à la conquête, leurs flottes ravitaillant les croisés et bloquant les ports. En récompense de leurs services, les princes leur donnèrent des territoires considérables dans les villes ou dans leurs

Fig. 160. — **Templier** en costume de chevalier de la fin du XIII⁰ siècle; son bouclier et sa cotte portent la croix rouge, insigne de l'ordre; d'après une miniature d'un manuscrit conservé à Rome à la bibliothèque Barberini.

Fig. 161. — **Le Krak des chevaliers.** — On donne le nom de Krak, qui signifie probablement en syrien « forteresse », à une importante place de guerre construite au début du XIII⁰ siècle par les chevaliers de l'Hôpital, sur une hauteur dominant le col qui réunit la vallée de l'Oronte avec le bassin de la Méditerranée. Cette forteresse fut prise aux chrétiens par le Sultan d'Égypte Bybars, en 1271. Il n'en subsiste plus aujourd'hui que d'importantes ruines; on l'a représenté ici telle qu'elle devait être à la fin du XIII⁰ siècle (Rey).

banlieues; leurs quartiers formèrent comme de petites républiques administrées par des fonctionnaires envoyés de la mère patrie; on y trouvait, outre les maisons des habitants, un palais pour le gouverneur, des églises, de vastes entrepôts servant aussi de magasins de vente, des moulins, des fermes, des abattoirs, des bains.

Les villes franques en Palestine. — Pour éviter les razzias continuelles des cavaliers musulmans, les chrétiens s'établirent dans les villes fortes de la côte ou dans de puissants châteaux forts sur les montagnes de l'intérieur (fig. 161). Les villes formaient un ensemble de rues étroites, aux maisons serrées les unes contre les autres, munies de hautes tours, et reliées par des voûtes jetées en travers de la rue. Les rues étaient étroites pour être plus fraîches; les voûtes devaient empêcher les maisons de s'écrouler lors des tremblements de terre, si fréquents dans ces contrées (fig. 162). La capitale, Jérusalem, était une fort petite ville. Les chrétiens y construisirent un grand nombre d'édifices; ils y élevèrent une église sur l'emplacement du sépulcre du Christ (fig. 163), un palais pour les rois, un autre pour le patriarche de Jérusalem. De nombreux couvents furent fondés; les trois ordres religieux se firent construire de vastes bâtiments; on créa des hospices pour les pèlerins et des hôpitaux pour les malades. Aujourd'hui, il ne reste rien du palais des rois, ni de celui du patriarche; on voit encore quelques débris du couvent des Templiers, des décombres et des fragments de quelques abbayes.

La vie en Palestine. — Les chrétiens établis en Palestine empruntèrent aux Syriens une grande partie de leurs usages. Beaucoup d'entre eux épousèrent des femmes indigènes et leurs enfants, les *poulains*, vécurent

de plus en plus à l'orientale, enfermant leurs femmes et leurs filles et ne les laissant sortir que voilées. Comme les musulmans, ils décorèrent leurs demeures de marbres

Fig. 162. — **Une rue à Tripoli** (Syrie): elle est bordée de maisons remontant à l'époque des Croisades (Tour du Monde).

précieux et de mosaïques; ils adoptèrent les vêtements d'étoffe de soie dont les manches étaient lacées et garnies de galons d'or, décorées de perles et de pierreries. Parfois même ils portèrent le turban, la longue tunique arabe et

Fig. 163. — **Le Saint-Sépulcre**, portail sud (état actuel.) — Cette église fut construite par les croisés au xiie siècle sur l'emplacement vénéré par les chrétiens comme ayant servi de sépulture au Christ. Aucun changement important ne fut apporté à ces édifices jusqu'en 1808; mais à cette date, un incendie ravagea l'église qui fut maladroitement réparée par des architectes grecs (do Vogüé).

les souliers à pointe recourbée. Dans leur cuisine ils empruntèrent aux Arabes l'usage des sauces très épicées, l'emploi du jus de citron et des vinaigres aromatisés pour l'assaisonnement des viandes et des poissons.

Prospérité de la Palestine. — L'existence était douce dans ce riche pays, centre d'une industrie et d'un commerce fort actifs. L'agriculture était florissante, grâce à l'admirable fertilité du sol, accrue encore par un habile système d'irrigation. Les jardins, surtout aux environs de Tyr et de Tripoli, présentaient en abondance orangers, figuiers, citronniers, amandiers, oliviers et canne à sucre. Les vignobles du Liban étaient renommés. La production du coton et de la soie était abondante; Antioche, Tyr, Tripoli, fabriquaient de célèbres étoffes de soie que l'on teignait avec l'indigo du Jourdain, la garance de Damas et la pourpre de Tyr; il y avait encore dans les villes des fabriques de poteries fines et de verrerie. Enfin la Syrie était sur le passage des caravanes musulmanes qui se rendaient en Égypte et ses ports recevaient en grande quantité les produits asiatiques, qui étaient ensuite exportés en Occident. Cette prospérité dura deux siècles; mais, par leur indiscipline et leur désunion, les chevaliers chrétiens perdirent ces admirables contrées, et depuis ce jour ces antiques cités, retombées sous la domination musulmane, n'ont plus connu l'activité des grands ports de commerce.

CHAPITRE V

La société féodale au XIIe et au XIIIe siècle; les nobles.

Le costume des nobles au XIe et au XIIe siècle (fig. 164-167). — Les nobles au moyen âge se distinguaient des autres classes de la société par leur costume, leurs habitations, leurs mœurs et leurs institutions. Le costume étroites, posé immédiatement sur le corps, et le *bliaud* de laine ou de soie tombant jusqu'aux pieds (fig. 164-165). Les hommes portaient les *braies*, caleçon étroit, et les *chausses*, grands bas fixés par des jarretières. Sur les

FIG. 164. — **Noble** (fin du XIe siècle), d'après une peinture de l'église Saint-Savin (Vienne). Il porte le *chainse*, le *bliaud*, un grand manteau et sur la tête un bonnet de feutre (Mérimée).

FIG. 165. — **Dame noble** (fin du XIe siècle). Elle porte le *chainse*, le *bliaud*, un manteau et sur la tête un voile retenu par un cercle d'orfévrerie ; ce costume a été restitué par Viollet-Le-Duc d'après une miniature d'un manuscrit de la Bibliothèque nationale.

FIG. 166. — **Dames nobles** (XIIe siècle); d'après un vitrail de la cathédrale de Chartres. On ne distingue que leur bliaud par dessus lequel elles ont un manteau. Leur tête est couverte d'un voile.

FIG. 167. — **Noble en costume d'apparat** (XIIe siècle); d'après une plaque émaillée conservée au musée du Mans et représentant Geoffroy Plantagenêt, comte d'Anjou.

FIG. 168. — **Enfant** (XIIe siècle ; d'après un vitrail de la cathédrale de Chartres. Il porte un *bliaud* court, des *chausses* collantes et des bottines de drap ou de feutre.

FIG. 169. — **Coiffure** (XIIe siècle); restituée d'après une sculpture de l'église abbatiale de Vézelay, dans l'Yonne (Viollet-Le-Duc).

FIG. 170. — **Chaussure de drap** (fin du XIe siècle); restituée d'après une sculpture de l'église abbatiale de Vézelay (Viollet-Le-Duc).

FIG. 171. — **Coiffure de dame noble** (XIIe siècle); d'après une statue de la cathédrale de Chartres. Sur la tête elle porte un *tressoir*.

FIG. 172. — **Coiffure de vieillard** (XIIe siècle), restituée par Viollet-Le-Duc d'après diverses statues.

FIG. 173. — **Enfant noble** (XIIe siècle); d'après un vitrail de la cathédrale de Chartres. C'est par une fantaisie de l'artiste qu'il a les pieds nus.

des nobles fut composé, du XIe au XIIIe siècle, de vêtements longs. Jusqu'à la fin du règne de Philippe-Auguste, les deux pièces principales du costume masculin comme du costume féminin furent deux robes : le *chainse*, tissu de toile légère à manches épaules, hommes et femmes portaient un large manteau souvent attaché sur l'épaule gauche par une broche ou une fibule (fig. 164). L'usage des chaussures de cuir pour l'extérieur, de drap pour l'intérieur, était très répandu (fig. 170). La coiffure était très soignée : les hommes portaient les cheveux longs par derrière, assez courts par devant; ils ne se rasaient pas la barbe (fig. 169-fig. 172). Les femmes partageaient leurs cheveux sur le front en deux bandeaux et les tressaient longs, ramassés derrière la tête et souvent frisés en boucles (fig. 179). Les hommes se couvraient la tête

Fig. 174. — **Noble** (début du xiii° siècle). Il porte la *cotte*, le *surcot* et un bonnet de feutre.

Fig. 175. — **Dame noble** (xiii° siècle). Elle porte par dessus son surcot un manteau doublé de fourrure.

Fig. 176. — **Noble** ayant le faucon au poing (xiii° siècle). Il porte par-dessus la cotte un surcot à manches amples.

Fig. 177. — **Noble** (xiii° siècle). Il porte sur sa cotte un manteau à manches courtes, muni d'un capuchon.

Fig. 178. — **Dame noble** (xiii° siècle). Elle est vêtue d'un surcot et d'une cotte qu'on aperçoit par l'échancrure du surcot et d'un grand manteau.

Ces costumes ont été restitués par Viollet-Le-Duc d'après des miniatures de différents manuscrits de la Bibliothèque nationale ainsi que celui de l'enfant (fig. 184).

Fig. 179. — **Coiffure d'homme**, (xiii° siècle) d'après les statues des tombeaux de rois et de princes conservés dans l'église de Saint-Denis (Seine).

Fig. 180. — **Agrafe** passant pour avoir orné le manteau royal de saint Louis. Le motif principal ont formé par une fleur de lys (Musée du Louvre).

Fig. 181. — **Aumônière** (xiii° siècle, conservée au trésor de la cathédrale de Troyes. Les scènes brodées sur cette étoffe sont empruntées à un roman de chevalerie. (Gausson).

Fig. 182. — **Agrafe** allemande (xiii° siècle), conservée au musée germanique de Nuremberg (Essenwein).

Fig. 183. — **Coiffure de femme** (xiii° siècle) : d'après une sculpture de la cathédrale de Reims.

en deux longues nattes descendant jusqu'aux pieds (fig. 171). Elles posaient ensuite sur leur tête un *tressoir*, ou cercle de métal ciselé, qui servait souvent à retenir un voile tombant sur les épaules. Le costume des enfants (fig. 168-fig. 173) se composait comme celui des grandes personnes de robes passées l'une par-dessus l'autre.

Le costume des nobles au XIII° siècle (fig. 174-178). — Au xiii° siècle, par-dessus le chainse et le bliaud, hommes et femmes passèrent la *cotte,* ordinairement de laine, puis le *surcot* (fig. 174). Les hommes se rasèrent le visage et portèrent les cheveux

Fig. 184. — **Enfant noble** (xiii° siècle). Son surcot fendu pour laisser passer les bras est muni d'un capuchon (Viollet-Le-Duc).

Fig. 185. — **Enfant noble** (xiii° siècle), d'après la statue funéraire de Jean, fils de saint Louis, mort en bas âge, conservée dans l'église abbatiale de Saint-Denis (Seine).

de bonnets de feutre faits de différentes manières. Les femmes abandonnèrent les longues nattes ; elles roulèrent leurs cheveux en chignons ; la coiffure la plus usitée fut une *coiffe* basse couverte d'étoffe et maintenue par des bandes de toile qui s'enroulaient autour du cou (fig. 183). Les mêmes changements se produisirent dans le costume des enfants (fig. 184-185).

Les nobles se vêtaient de riches étoffes, draps de laine fine, étoffes de soie, de satin, tissus bordés de fourrures. Les parures étaient également recherchées ; des galons, des ceintures ornées de grandes pierreries, de grandes et riches agrafes (fig. 180-fig. 182), des couronnes, des cercles posés sur la tête, des pendeloques, des aumônières (fig. 181) décoraient les vêtements.

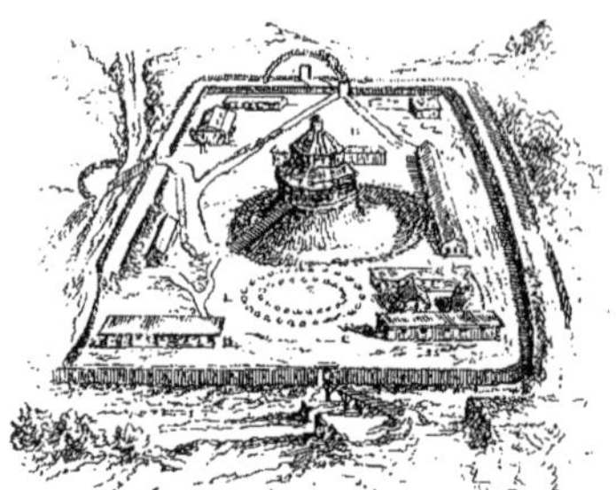

Fig. 186. — **La Tusque**, à Sainte-Eulalie d'Ambarès (Gironde). Au centre, la *motte* surmontée du *donjon* en bois ; quelques bâtiments enfermés dans une palissade ou *plessis* ; auprès du donjon, cercle de pierres servant probablement de lieu de réunion. Ce château dont il ne reste que la motte est représenté tel qu'il devait être au IXe ou au Xe siècle (Viollet-Le-Duc).

Fig. 187. — **Le château d'Arques** (Seine-Inférieure) ; construit à la fin du XIe siècle par Guillaume d'Arques, oncle de Guillaume le Conquérant ; remanié au XIIe et au XIIIe siècle. Il n'en reste aujourd'hui que des ruines confuses ; dans ce dessin, on aperçoit d'abord la première cour, ou *baille*, et, dans la seconde cour, le donjon et la chapelle (Viollet-Le-Duc).

Les habitations des nobles ; les châteaux féodaux. — L'habitation du seigneur s'appelait en latin *dominium*, c'est-à-dire la maison du maître, en français *donjon*. Jusqu'au Xe siècle les nobles avaient habité de vastes fermes semblables aux villas gallo-romaines. La nécessité de se

défendre contre les invasions des Normands ou contre les brigands si nombreux alors les détermina à construire des forteresses.

Voici quel était l'aspect des premiers châteaux que l'on construisit alors (fig. 186). On voyait d'abord un large fossé ;

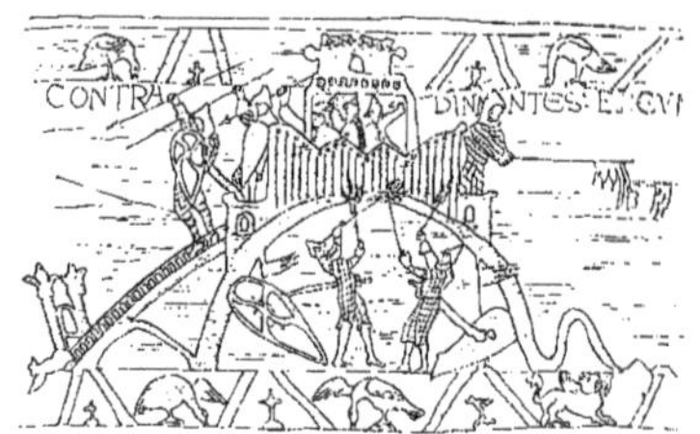

Fig. 188. — **Donjon en bois** à la fin du XIe siècle ; d'après un fragment de la tapisserie de Bayeux (v. p. 69), représentant le siège de la ville de Dol en Bretagne. Au centre, sur une éminence, le donjon en planches, communiquant avec la plaine par une passerelle de bois. En bas, des chevaliers essaient d'incendier le donjon ; à gauche, d'autres défendent le château ; à droite, un autre incline sa lance pour annoncer que le château se rend.

derrière était un remblai de terre, couronné tantôt d'une palissade, tantôt d'un mur de pierre. On appelait *plessis*

Fig. 189. — **Château de Coucy** (Aisne) : construit au XIIIe siècle, par les puissants seigneurs de Coucy. On aperçoit le pont protégé par une *barbacane* ; le donjon ; à gauche, le bâtiment renfermant la grande salle ; au fond, des bâtiments d'habitation : ces bâtiments, ainsi que le précédent, sont du XVe siècle, ayant été restaurés par Louis d'Orléans. Il en reste encore aujourd'hui d'importantes ruines (Viollet-Le-Duc).

les châteaux où il y avait une palissade, *fertés* ceux où il y avait un mur de pierre. Ces mots se retrouvent dans les noms de beaucoup de nos villes et de nos villages. Ces fossés et ces retranchements formaient une enceinte, au milieu de laquelle était une butte en terre qu'on appelait *motte* dans le nord, *puy* dans le midi. Sur cette butte, s'élevait un grand édifice en bois; on y avait accès par un pont de bois à pente douce; des traverses de bois posées sur les planches, permettaient d'y passer à cheval. Cet édifice, c'était la demeure du maître, le *donjon*. Il ne reste plus aujourd'hui de ces châteaux primitifs que les fossés et quelquefois la motte; mais les descriptions des chroniqueurs et les représentations de la célèbre tapisserie de Bayeux nous aident à nous en figurer l'aspect (fig. 188).

A partir du XI° siècle, ces constructions fragiles furent remplacées par de solides édifices de pierre. Au XII° et au XIII° siècle, ces demeures devinrent considérables. On peut juger de l'importance de ces châteaux par les ruines qui en subsistent. Deux des plus grands châteaux furent celui d'Arques au XII° siècle et celui de Coucy au XIII° siècle; on les a représentés ici tels qu'ils devaient être, l'un à la fin du XII° siècle (fig. 187), l'autre au XV° siècle (fig. 189). Dans ces constructions nouvelles comme dans les anciennes, la partie principale resta toujours le donjon; pendant longtemps ce fut la seule habitation du seigneur et de sa famille. C'était là qu'était déposé son trésor, ses *archives, ses armes, etc. En arrivant du dehors, on rencontrait d'abord un fossé; le fossé franchi sur un pont de bois, on entrait dans une première cour où étaient établies les écuries, les magasins et les logements des valets; cette cour était appelée *baille* (fig. 187). De la baille on passait dans une seconde cour où se trouvait le donjon, qui était une grosse tour ronde (fig. 189) ou carrée (fig. 187). Le château était une *forteresse*, une vraie place de guerre. Les murailles des cours étaient hautes, épaisses et terminées par une plate-forme, où l'on pouvait circuler. Cette plate-forme, appelée *chemin de ronde* (fig. 190), était bordée d'un parapet percé à intervalles

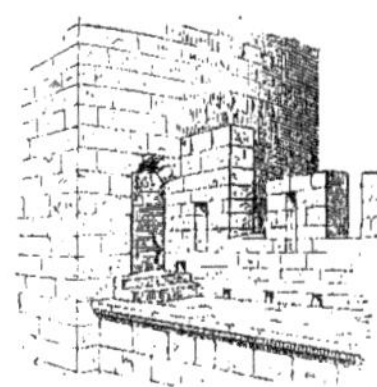

Fig. 190. — **Chemin de ronde** ou **courtine** (XIII° siècle), avec ses créneaux, à Carcassonne (Viollet-Le-Duc).

réguliers d'ouvertures appelées *créneaux*. En temps de guerre, pour élargir le chemin de ronde, on établissait sur des poutres engagées dans la muraille de petites constructions en bois surplombant le fossé; on appelait ces galeries de bois *hourds* (fig. 191). Les murailles étaient garnies de distance en distance de *tours* formant saillie; on pouvait, par des *meurtrières*, lancer des flèches sur les assaillants. La porte d'entrée du château était établie entre deux tours; c'était un étroit corridor fortifié; un pont à bascule le faisait communiquer avec l'autre bord du fossé; un *ouvrage fortifié, la *barbacane*, en défendait l'accès (fig. 189). Le corridor pouvait être fermé par une forte grille, la *herse*, qu'on faisait glisser le long des rainures pratiquées dans la maçonnerie, à l'aide de machines situées dans une salle placée au-dessus du passage.

Le siège des châteaux (fig. 190). — Pour faire le siège

Fig. 191. — **Construction** des *hourds* au donjon de Coucy (restitution de Viollet-Le-Duc).

Fig. 192. — **Trébuchet** à contrepoids, sorte de fronde qu'on bandait à l'aide d'un treuil et qui lançait de lourds projectiles.

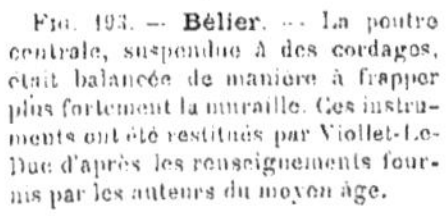

Fig. 193. — **Bélier**. — La poutre centrale, suspendue à des cordages, était balancée de manière à frapper plus fortement la muraille. Ces instruments ont été restitués par Viollet-Le-Duc d'après les renseignements fournis par les auteurs du moyen âge.

d'un château, les assaillants commençaient par combler le fossé: des machines de jet (fig. 192) envoyaient des projectiles sur les chemins de ronde et dans l'intérieur de la place. Le fossé comblé, on battait la muraille avec le *bélier* (fig. 193); on appliquait les *échelles* pour tenter l'escalade; on faisait avancer une tour roulante en bois, le *beffroi* (fig. 195); de la terrasse du beffroi, un pont mobile s'abattait sur le chemin de

Fig. 194. — **Attaque d'une place forte** au XIII° siècle; on voit ici les principaux engins d'attaque, le bélier dissimulé sous une cahute, le trébuchet et le beffroi (figure théorique d'après Viollet-Le-Duc).

Fig. 195. — **L'assaut** à l'aide du beffroi; le fossé ayant été comblé, le *beffroi*, dont la charpente a été recouverte de peaux pour le mettre à l'abri de l'incendie par les assiégeants, est roulé jusqu'à la muraille (figure théorique d'après Viollet-Le-Duc).

Fig. 196. — **Attaque d'un mur à l'aide de la sape**; au sommet de la muraille ont été figurés les *hourds* (figure théorique d'après Viollet-Le-Duc).

ronde et les combattants s'efforçaient de s'emparer des remparts. Sur d'autres points, des *mineurs* sapaient la muraille de façon à en provoquer la chute (fig. 196); ils creusaient de longues galeries sous les murailles; ils soutenaient la partie supérieure à l'aide de boisages, puis ils mettaient le feu à ces bois et se retiraient. Le feu consumait les poutres; le plafond de la galerie, n'étant plus soutenu, entraînait dans sa chute tout un pan de la mu-

mangeait, on y couchait, on y passait la journée. A partir du XIIIe siècle, le donjon ne fut plus habité; il y eut désormais dans le château, à côté du donjon, des bâtiments d'habitation plus commodes et mieux aménagés où le seigneur s'installa avec sa famille (fig. 189). Dans les demeures nouvelles, les salles avaient des fenêtres profondes, largement percées dans l'épaisseur des murs; des deux côtés des fenêtres, étaient disposés des bancs de pierre (fig. 197). Une fenêtre avec ses bancs formait comme une sorte de réduit. Ces fenêtres étaient fermées par des vitraux. Le sol des salles était orné de carrelages; souvent des peintures décoraient les murs et les solives du plafond. Aux parois, on accrochait des armes, des trophées de chasse, des écussons; aux jours de fête, on tendait les salles de tapisseries; on couvrait le sol de riches

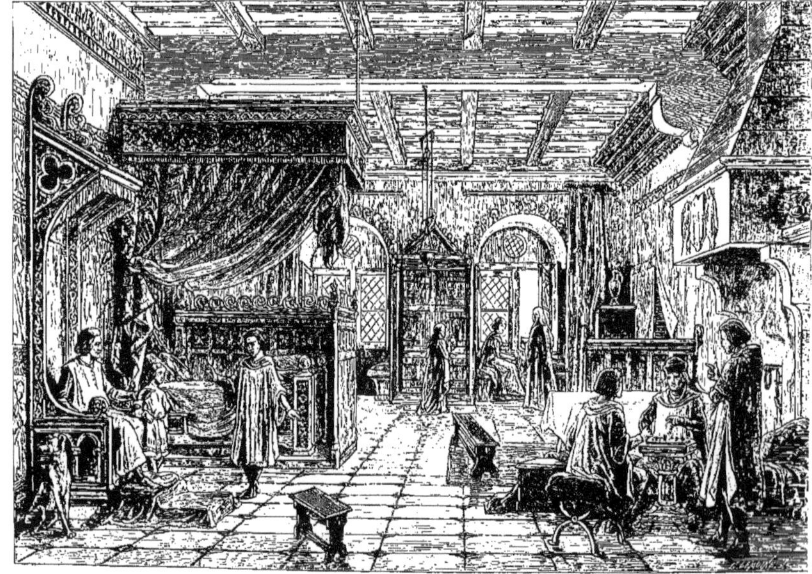

Fig. 197. — **Salle d'habitation d'un château au XIIIe siècle** (restitution). — On voit à gauche la chaire où se tient le seigneur, le lit séparé par une clôture ou *clôtet* du reste de la salle; au fond, entre les deux fenêtres, une armoire; auprès de la cheminée, une grande table. Des tapisseries ornent les murs.

raille. Les assiégés se défendaient en lançant par les créneaux des pierres, des pieux aiguisés, des flèches, du plomb fondu, de la poix, de l'huile bouillante. Ils tentaient des sorties pour incendier le camp ennemi; ils essayaient, en creusant des galeries de contre-mines, d'atteindre les galeries creusées par leurs adversaires et de les combler.

L'ameublement des châteaux. — Le château était à l'origine une habitation peu commode. Il n'y avait guère qu'une seule pièce à l'un des étages du donjon; on y

tapis; on le jonchait de feuillage et de fleurs. Les principales pièces du mobilier étaient l'*armoire*, le *lit* (fig. 199), la *table* (fig. 198) et le *bahut* (fig. 203). Le lit entouré de courtines suspendues à des traverses formait une petite chambre au milieu de la grande. Sur le lit, on entassait oreillers et couvertures; ce n'était pas de trop pour protéger contre le froid des gens qui avaient la coutume de coucher nus. Le long des murs, on rangeait les bahuts, où l'on enfermait les habits, le linge, et les coffrets contenant l'ar-

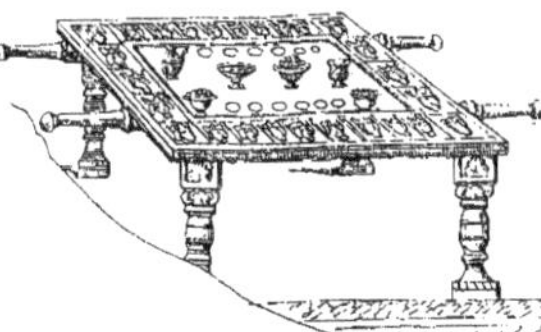

Fig. 198. — **Table** ornée de têtes de rois;
d'après une ʼminiature d'un manuscrit allemand
XIIᵉ siècle (Viollet-Le-Duc).

Fig. 199. — **Lit** (XIIIᵉ siècle). Ce lit a été restitué par Viollet-Le-Duc d'après une miniature d'un
du manuscrit de la Bibliothèque nationale.

Fig. 200. — **Siège fixe** appelé *forme*,
restitué par Viollet-Le-Duc, d'après une ʼminiature d'un manuscrit allemand du XIIᵉ siècle.

Fig. 201. — **Chaise** (XIIIᵉ siècle); restituée
par Viollet-Le-Duc, d'après une sculpture de la
cathédrale d'Auxerre.

Fig. 202. — **Coffret** (fin du XIIIᵉ siècle), passant pour avoir appartenu à saint Louis (musée
du Louvre).

Fig. 203. — **Bahut** (fin du XIIᵉ siècle),
conservé dans l'église de Brampton, dans
le comté de Northampton, en Angleterre
(Viollet-Le-Duc).

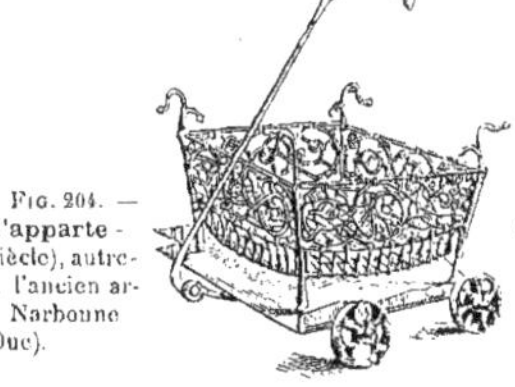

Fig. 204. —
d'apparte-
siècle), autre-
à l'ancien ar-
Narbonne
Duc).

Réchaud
ment (XIIIᵉ
fois conservé
chevêché de
(Viollet - Le -

Fig. 205. —
siècle); con-
sée de Bour-
Le-Duc).

Lampe (XIIIᵉ
servée au mu-
ges (Viollet-

Fig. 206. — **Tabouret** ou carreau,
d'après une ʼminiature d'un manuscrit
allemand du XIIᵉ siècle (Viollet-Le-
Duc).

gent et les objets précieux (fig. 202). Les sièges étaient
peu nombreux; aux murs était adossée une sorte de chaire
réservée aux maîtres de la demeure (fig. 197). Les autres
sièges étaient des bancs à dossier (fig. 200), des chaises
(fig. 201) de formes et de décorations très variées, des
pliants, des tabourets ou même des coussins (fig. 206);
car l'on s'asseyait fréquemment par terre. Enfin l'on peut
ajouter à l'ameublement les *clotets*, cloisons mobiles, à
l'aide desquelles on pouvait subdiviser en petites pièces
ces vastes salles (fig. 197). L'éclairage se faisait à l'aide
de bougies de cire ou de petites lampes où des mèches trem-
paient dans de l'huile (fig. 205). Le feu de la cheminée
contribuait à éclairer la pièce; la cheminée était si grande
qu'un homme y pouvait entrer debout sans se baisser et
que dix ou douze personnes se plaçaient facilement autour
de l'âtre; aussi pouvait-on y brûler des arbres tout entiers.
Cependant ces cheminées ne suffisaient pas toujours à
chauffer les salles des châteaux du moyen âge; et l'on

disposait souvent dans les pièces des réchauds chargés de
combustible, comme on fait encore aujourd'hui dans nos
rues par les grands froids (fig. 204).

La cour des seigneurs. — Si le possesseur du château
n'était qu'un petit seigneur, il n'avait auprès de lui que
sa famille et quelques gens de service; s'il était riche et
puissant, il avait autour de lui une cour composée de
nobles. Ces nobles se partageaient les fonctions domestiques; l'un d'eux, le *sénéchal*, avait le service de la
table; un autre le *maréchal*, avait la surveillance des
écuries; un troisième, le *bouteiller*, celle de la cave et
du cellier; un quatrième, le *chambrier*, était chargé
de l'entretien des chambres; le *dépensier* avait le soin
des provisions. Aux grandes fêtes de l'année, à Noël, à
Pâques, à l'Ascension, à la Pentecôte, à la Saint-Jean,
le seigneur réunissait auprès de lui les nobles qui dépen-
daient de lui, ses *vassaux*. Dans ces jours-là avaient
lieu les cérémonies propres à la vie féodale; les plus

Fig. 207. — **Un hommage au XIIᵉ siècle** (restitution). Le futur vassal a mis les mains dans celles de son seigneur et lui prête l'hommage; un homme d'armes tient la lance que le seigneur va remettre à son vassal comme marque de l'investiture du domaine.

Fig. 208. — **Sceau de Jean de Baussan,** archevêque d'Arles (XIIIᵉ siècle). — Il est représenté assis et donnant la bénédiction (Archives nationales).

Fig. 209. — **Charte** de saint Louis, entourée des sceaux des seigneurs qui l'ont signée avec le roi (Archives nationales).

Fig. 210. — **Sceau de Mathilde,** comtesse d'Artois, morte en 1288 (Archives nationales).

importantes étaient l'*hommage* et l'entrée des jeunes seigneurs dans la *chevalerie*.

L'hommage (fig. 207). — Quand un seigneur voulait se placer dans la dépendance d'un autre seigneur et devenir son vassal, il lui faisait un acte d'*hommage*. Le futur vassal s'agenouillait, plaçait ses mains dans celles du futur seigneur, et il lui jurait foi et hommage; puis il faisait un serment sur le livre des Évangiles ou sur des reliques. L'hommage était suivi

Fig. 211. — **Sceau de Guy de Dampierre,** comte de Flandre (1225-1305). Il est représenté armé en guerre; son cheval est couvert d'une housse (Archives nationales).

de l'*investiture;* le seigneur remettait à son vassal un objet représentant symboliquement le domaine donné en fief, un fétu de paille, un bâton, une lance, un gant, etc. Quand un vassal voulait rompre avec son suzerain, il devait renoncer à son fief et renvoyer ou bien jeter aux pieds du seigneur l'objet qui lui avait été remis. Pour garder le souvenir de l'hommage qui avait été prêté au suzerain, on rédigeait un récit de la cérémonie qui était écrit sur un parchemin

Fig. 212. — **Un adoubement au XIIᵉ siècle** (restitution). — Au centre se tient le jeune chevalier que ses parrains revêtent de l'armure; en arrière, un serviteur tient préparé le cheval que le jeune homme va monter pour faire le temps de galop qui suivait la remise des armes.

(fig. 209); puis, pour garantir la valeur de cet ʼacte, le suzerain et son vassal y apposaient leur *sceau*. On appelait ainsi une plaque ronde ou ovale de cire qui portait une petite sculpture, le plus souvent l'image du seigneur. Chaque personne, au moyen âge, avait un sceau; nous avons conservé un grand nombre de sceaux de rois, de seigneurs (fig. 211), de dames nobles (fig. 210), de prélats (fig. 208), de villes, de bourgeois et même de paysans.

La chevalerie. — C'était vers l'âge de vingt et un ans que les jeunes nobles étaient faits *chevaliers;* auparavant le jeune homme après avoir vécu jusqu'à l'âge d'environ quinze ans dans le château paternel, allait vivre chez un personnage de plus haut rang que son père. Là, pendant quelques années, il exerçait à titre d'*écuyer* des fonctions domestiques. Il devait, en temps de paix, soigner l'écurie et les chevaux, veiller sur l'habillement du maître, recevoir les étrangers, etc. A la guerre, il portait le bouclier du baron, armait ou désarmait celui-ci, tenait ses armes en bon état. Pendant le combat, il passait au chevalier des armes de rechange, et était chargé de la garde des prisonniers.

L'adoubement (fig. 212). — L'entrée dans la chevalerie était marquée par des cérémonies qu'on appelait *adoubement*. A partir du xiiᵉ siècle, les usages observés furent en général ceux-ci : le jeune homme, qui allait être armé chevalier, plaçait sur l'autel de la chapelle du château les armes qui devaient lui être remises. Il passait ensuite la nuit en prières dans la chapelle; le lendemain il assistait à une messe solennelle, puis le suzerain donnait un grand repas. Après ce repas avait lieu la cérémonie de l'*adoubement*. Dans la cour du château, l'on avait tendu un tapis; autour se plaçait l'assistance. Les jeunes nobles candidats à la chevalerie étaient amenés; l'un d'eux se plaçait sur le tapis; alors les chevaliers revêtaient le jeune homme de l'armure des nobles. Puis l'un d'eux, qui était le parrain, frappait de la paume de la main un coup violent sur la nuque du jeune homme; il prononçait quelques paroles pour lui rappeler ses devoirs de chevalier. Le jeune chevalier était alors tenu de montrer par quelques exercices qu'il était digne de ce titre. Montant sur un cheval tenu tout prêt, il le lançait au galop; puis il faisait la *quintaine*. On avait préparé sur des pieux des mannequins et des trophées d'armes; l'adoubé devait les abattre d'un coup de lance. Enfin les nouveaux chevaliers combattaient entre eux et faisaient, toujours à cheval, le *béhourd*, exercice composé de quelques passes d'escrime. La journée se terminait par un repas et une distribution de présents à toute l'assistance.

La vie des seigneurs ; le baptême et le mariage. — La vie des seigneurs était fort monotone. En temps de paix leurs occupations se bornaient à surveiller l'exploitation de leurs terres, ou bien à juger les contestations entre les gens de leur domaine. Dans les premiers temps du moyen âge, ils ne lisaient guère ; beaucoup d'entre eux même en eussent été incapables ; aussi recherchaient-ils toutes les occasions de se distraire. Les cérémonies de la vie de famille telles que les *baptêmes* ou les *mariages* étaient l'occasion de réjouissances. L'enfant nouveau-né, (fig. 213-214) emmailloté corps et bras dans des langes qui le ligotaient tout entier, enve-

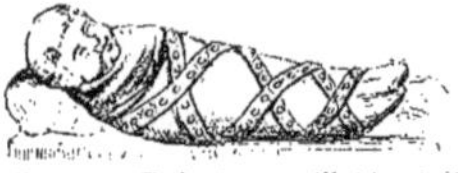

Fig. 213. — **Enfant au maillot** (xiiiᵉ siècle) ; d'après un vitrail de la cathédrale de Chartres.

Fig. 214. — **Berceau** (xiiiᵉ siècle) ; d'après une * miniature d'un manuscrit de la Bibliothèque de Cambridge (Green).

Fig. 215. — **Chariot** (xiiiᵉ siècle) : restitué par Viollet-Le-Duc d'après une * miniature d'un manuscrit de la Bibliothèque nationale.

Fig. 216. — **Un mariage royal** (xiiiᵉ siècle), d'après une * miniature d'un manuscrit anglais conservé au British Museum (Green).

loppé dans des draps d'or et de soie, était porté en cortège à l'église. Pour les mariages, les fiancés se rendaient à l'église, précédés d'un groupe de jongleurs, suivis des parents et des amis montés sur des mules ou bien encore dans des voitures richement ornées (fig. 215). Tout le cortège se groupait sous le *porche ; c'était là que le père et la mère de la mariée la remettaient au mari. Puis le prêtre bénissait les anneaux ; l'époux en passait un à l'un des doigts de la main gauche de la femme où il devait rester jusqu'à la mort (fig. 216). On les encensait tous deux et les portes de l'église s'ouvraient devant eux ; pendant la messe, après le *Sanctus*, ils recevaient la bénédiction du prêtre, placés sous un drap de couleur pourpre, tenu au-dessus de leurs têtes par les barons. La messe terminée, le retour se faisait triomphalement jusqu'au château.

Les festins ; les jeux. — Dans ces fêtes, les repas tenaient une grande place. Aux festins d'apparat (fig. 224), l'on dressait dans la même salle plusieurs tables. Celle qui était réservée au seigneur et aux personnes de marque était placée sur une sorte d'estrade. Les convives y prenaient place en général d'un seul côté, assis sur un banc à dossier plus ou moins élevé. Auprès des autres tables, il n'y avait que des bancs garnis de coussins. Les convives se lavaient d'abord les mains dans des bassins (fig. 217) que leur présentaient de jeunes écuyers. Devant chaque convive on posait un couteau (fig. 223), une cuillère (fig. 222) et un verre (fig. 218) ; puis un gâteau de fine farine. Il était d'usage de placer une dame ou une jeune fille entre deux barons et de grouper deux personnes auprès de la même écuelle. L'usage des fourchettes et des serviettes demeura ignoré jusqu'à la fin du xiiiᵉ siècle. On garnissait la table d'aiguières souvent de formes bizarres (fig. 219-220), de nefs pleines de vin, de coupes, de salières (fig. 221) et de saucières. Les menus étaient copieux et les repas fort longs. On servait d'abord les

Fig. 217. — **Plat à laver** émaillé (xiiiᵉ siècle) ; au musée germanique de Nuremberg (Schultz).

Fig. 218. — **Vase à boire** allemand (xiiiᵉ siècle) ; au musée germanique de Nuremberg (Essenwein).

Fig. 219. — **Aiguière** de cuivre fondu (xiiiᵉ siècle) ; au musée de Cluny.

Fig. 220. — **Pot à eau** (xiiiᵉ siècle) en laiton (Viollet-Le-Duc).

Fig. 221. — **Salière** (xiiᵉ siècle) provenant du trésor de Saint-Denis (Musée du Louvre).

Fig. 222. — **Cuillère** en étain (xiiᵉ siècle), trouvée dans les fouilles du château de Pierrefonds (Viollet-Le-Duc).

Fig. 223. — **Couteau** (xiiiᵉ siècle), d'après une * miniature d'un manuscrit de la Bibliothèque nationale (Viollet-Le-Duc).

Fig. 224. — **Un festin d'apparat au XIIᵉ siècle** (restitution). — C'était la coutume au xiiᵉ siècle d'apporter pendant le repas d'énormes pâtés où l'on enfermait de petits oiseaux vivants; ceux-ci s'envolaient dans la salle lorsque la croûte du pâté était brisée; aussitôt, les serviteurs lâchaient des émerillons qui leur donnaient la chasse. On voit ici représenté ce moment du repas.

Fig. 225. — **Les échasses**, d'après une miniature d'un manuscrit du xiiiᵉ siècle (Viollet-Le-Duc).

viandes : quartiers de sangliers, d'ours, paons et cygnes rôtis présentés tout embrochés; poulets frits au lard, lièvres, lapins, grues, hérons, pluviers, d'énormes pâtés de gibier. On mangeait aussi beaucoup de poissons : aloses, bars, brèmes, mulets, saumons, truites, pâtés d'anguilles. Tous ces mets figuraient parfois dans un même repas. Le dessert

Fig. 226. — **Le jeu d'échec**; plaque d'ivoire du début du xivᵉ siècle, le personnage à gauche au second plan tient un faucon (Musée du Louvre).

Fig. 227. — **Les marionnettes**, restitution d'après une miniature d'un manuscrit allemand du xiiᵉ siècle (Viollet-Le-Duc).

était composé de gâteaux de toutes sortes, particulièrement de tartes, de gaufres, d'oublies et d'épices. La boisson préférée était le vin qu'on buvait relevé d'épices, de miel, d'aromates. Le repas terminé, on chantait, on faisait venir des jongleurs; jeunes gens et jeunes filles formaient des rondes qu'on accompagnait de chants. Les gens graves jouaient de préférence aux échecs, aux tables ou aux dés (fig. 226). Les enfants s'amusaient aux jeux auxquels se sont plus de tout temps les enfants (fig. 225-fig. 227).

La chasse. — De tous les divertissements, le plus recherché était le plaisir de la *chasse*; les nobles chassaient en tout temps soit à *courre* (fig. 228), soit au *vol*. La chasse au vol se faisait au *faucon* (fig. 229). Pour dresser les faucons, on commençait par coudre les paupières de l'oiseau; cette opération s'appelait *ciliure*. On lui rendait l'usage de la lumière, quand il était habitué à obéir à la voix du fauconnier. Alors on exerçait le faucon à l'aide du *leurre*, simulacre d'oiseau en drap rouge muni d'ailes de perdreau ou de peau de lièvre. Le leurre était attaché à une laisse, et le fauconnier le faisait

Fig. 228. — **La chasse au cerf** (XIIe siècle) d'après un vitrail de la cathédrale de Chartres. Deux cavaliers dont l'un souffle dans un olifant, et dont l'autre tient un arc et une flèche poursuivent deux cerfs.

rapidement tourner autour de lui.

La guerre: le costume de guerre (fig. 230-232). — Mais à la chasse même, les nobles préféraient la *guerre*. Leur costume de guerre se composait d'une blouse courte, à manches courtes, munie d'une coiffe ou d'un capuchon étroit qu'on passait par-dessus les autres vêtements. Sur cette blouse, étaient cousues soit de petites plaques métalliques superposées en façon d'écailles, ou bien des mailles métalliques engagées les unes dans les autres. Dans le premier cas, cette tunique était appelée *broigne* (fig. 230); dans le second elle était dite *haubert* (fig. 231). La tête était protégée par un casque, *helme*, *heaulme*. Jusqu'au XIIe siècle, le casque fut ovoïde ou conique, sans couvre-nuque,

Fig. 229. — **La chasse au faucon** (fin du XIIIe siècle), d'après une miniature d'un manuscrit allemand, conservé à la Bibliothèque de l'Université d'Heidelberg.

muni d'un *nasal*, plaque métallique destinée à protéger le nez (fig. 234). Au XIIe et au XIIIe siècle, ce fut un large cylindre couvrant entièrement la tête, percé seulement de quelques trous ou d'une fente en croix pour permettre au chevalier de respirer, de voir et d'entendre (fig. 236). On mettait sur la tête un bourrelet pour amortir le poids du casque (fig. 235). Les jambes furent d'abord garnies de bandelettes; puis on les couvrit de chausses analogues au haubert, et le cavalier se trouva ainsi couvert de la tête aux pieds d'un tissu métallique (fig. 232). Comme armes

Fig. 230. — **Chevalier** (fin du XIe siècle), vêtu de la *broigne*, restitué d'après la tapisserie de Bayeux (Musée d'artillerie).

Fig. 231. — **Chevalier** (XIIe siècle), vêtu du *haubert*; restitué d'après un émail du XIIe siècle (Musée d'artillerie).

Fig. 232. — **Chevalier** (XIIIe siècle), restitué par Viollet-Le-Duc, d'après un bas-relief de l'église Saint-Nazaire à Carcassonne. Il porte la *cotte d'armes* par dessus le haubert.

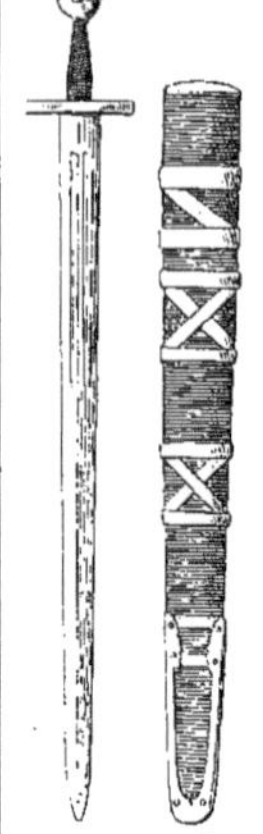

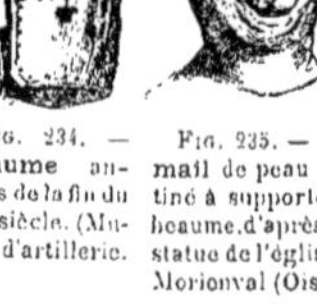

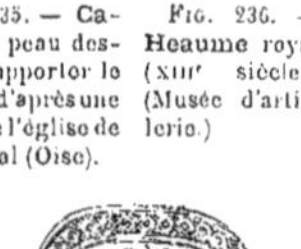

Fig. 234. — **Heaume** anglais de la fin du XIIe siècle. (Musée d'artillerie.)

Fig. 235. — **Camail** de peau destiné à supporter le heaume, d'après une statue de l'église de Morienval (Oise).

Fig. 236. — **Heaume royal** (XIIIe siècle). (Musée d'artillerie.)

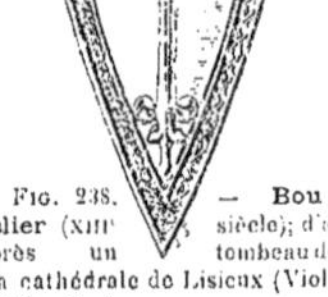

Fig. 233. — **Épée** (XIIe siècle) avec son fourreau (Viollet-Le-Duc).

Fig. 237. — **Écu** orné d'armoiries de la fin du XIIIe siècle (Viollet-Le-Duc).

Fig. 238. — **Bouclier** (XIIIe siècle); d'après un tombeau de la cathédrale de Lisieux (Viollet-Le-Duc).

défensives, les nobles portaient le *bouclier* oblong (fig. 238) ou l'*écu* beaucoup plus petit (fig. 237), et comme armes offensives ils avaient l'*épée* (fig. 233) et la *lance* garnie d'une *bannière* (fig. 230). Depuis le XIIe siècle environ, les boucliers ou écus des nobles portèrent des signes spéciaux propres à chaque famille et qui constituaient leurs *armoiries* (fig. 237). Ces signes permettaient aux gens du seigneur de reconnaître leur chef.

Fig. 239. — **Un tournoi au XIIᵉ siècle** (restitution). Au fond, on voit les tribunes où se plaçaient les dames; puis, auprès de l'entrée des barrières ou *lices*, des cavaliers attendant leur tour de prendre part à la lutte; au centre, des serviteurs et d'autres tournoyeurs ramenant l'un des jouteurs précipité par son adversaire à bas de son cheval.

Fig. 240. — **Pierre tombale** de Bouchard de Montmorency, mort en 1298, aujourd'hui à l'église de Maguy-les-Hameaux (Seine-et-Oise). Il est représenté en costume de guerre et a ses pieds appuyés sur un chien, symbole de sa vigilance (Guilhermy).

Les batailles. — Les batailles étaient très simples. Les seigneurs combattaient par petits groupes; ils se lançaient au galop les uns contre les autres, et essayaient de se désarçonner. Ceux qui tombaient de cheval étaient achevés ou faits prisonniers par les écuyers ou les fantassins. Cela durait ainsi toute la journée, et le soir l'armée qui avait perdu le plus de monde quittait le champ de bataille.

Les funérailles. — Les soins qu'on donnait aux défunts étaient assez minutieux. Le corps était lavé dans l'eau, puis dans des vins épicés et étendu sur un lit de repos, les mains croisées sur la poitrine. Il était ensuite enfermé dans deux linceuls, l'un de satin, l'autre en peau de cerf. La bière était conduite à l'église où avait lieu la veillée funéraire. Le lendemain on célébrait une messe solennelle, et souvent le corps était déposé sous le dallage de l'église, car c'était encore un privilège réservé aux nobles de pouvoir être enseveli dans les églises; sur l'endroit où avait été enfoui le cadavre du défunt, on élevait un tombeau ou bien on plaçait une pierre tombale, grande dalle de pierre où le mort était représenté le plus souvent en costume de guerre, soit seul, soit avec sa femme auprès de lui (fig. 240).

Les tournois (fig. 239). — Quand ils n'étaient pas en guerre, les barons se battaient dans les tournois. Dans les premiers temps, les tournois étaient de véritables batailles. Il y avait souvent des chevaliers tués à ces jeux. Dans un tournoi de 1240, on releva plus de soixante morts. Les dames assistaient à ces spectacles meurtriers, et leurs cris excitaient les combattants. Ces exercices avaient lieu dans les champs, sur un terrain délimité par des barrières que l'on appelait *lices;* de légères constructions en bois richement décorées recevaient les dames et les vieux chevaliers. Les jouteurs entraient deux par deux dans l'arène et les hérauts criaient leurs noms aux spectateurs. Ces joutes duraient plusieurs journées. Les tournoyeurs combattaient deux par deux. Il y avait des joutes où l'on devait briser trois lances; il y en avait d'autres où les combattants devaient chercher à se désarçonner. La fête se terminait le plus souvent par un tournoi où les tournoyeurs combattaient tous à la fois. Des prix étaient décernés aux vainqueurs. C'étaient des faucons, des ceintures ou des écus ornés de pierreries.

CHAPITRE VI

La société féodale au XIIe et au XIIIe siècle ; les bourgeois et les paysans.

Costume civil des bourgeois et des paysans (fig. 241-247). — Le costume des bourgeois et des paysans se

FIG. 241. — **Homme du peuple** (fin du XIe siècle), d'après les peintures de l'église de Saint-Savin (Mérimé).

FIG. 242. — **Enfant du peuple** (XIIIe siècle).

FIG. 243. — **Homme du peuple** (milieu du XIIIe siècle).

Ces deux costumes ont été restitués par Viollet-Le-Duc, d'après des *miniatures de manuscrits de la Bibliothèque nationale.

FIG. 244. — **Servante** (XIIe siècle).

FIG. 245. — **Bourgeoise** (fin du XIIIe siècle).

FIG. 246. — **Bourgeois** (XIIIe siècle), d'après un *bas-relief de la cathédrale de Reims.

Ces deux costumes ont été restitués par Viollet-Le-Duc, d'après des *miniatures de manuscrits de la Bibliothèque nationale.

composait de vêtements courts, qui laissaient aux membres une grande liberté de mouvements. Les hommes portaient des chausses ou des braies qu'ils retroussaient au besoin dans leur travail (fig. 247), puis une tunique serrée à la taille et tombant jusqu'aux genoux ; cette tunique porte le nom de *cotte* au XIIIe siècle (fig. 243). Par dessus ils mettaient des manteaux courts, souvent surmontés d'un capuchon (fig. 245). Au XIIIe siècle, bourgeois et paysans n'eurent le plus souvent comme coiffure que le béguin qui servait aux nobles de coiffure de dessous (fig. 243). Les femmes étaient vêtues de robes passées l'une sur l'autre (fig. 244-fig. 245). Le costume des enfants était en petit celui des grandes personnes (fig. 242). Les pro-

FIG. 247. — **Paysan** moissonnant (XIIIe siècle) ; médaillon du *soubassement d'une porte de la cathédrale d'Amiens. Il n'est vêtu que de braies.

grès de la richesse des bourgeois leur permirent de se vêtir aussi magnifiquement que les nobles, et les lois somptuaires de Philippe le Hardi, qui prétendaient déterminer le costume des différentes classes, ne furent point du tout respectées.

Costume militaire des bourgeois et des paysans. — Lorsque les bourgeois et les paysans étaient commandés par leur seigneur pour les accompagner

FIG. 248. — **Gens de pied** (XIIIe siècle), d'après l'album de Villard de Honnecourt, architecte du XIIIe siècle, dont on a conservé un album renfermant de nombreux dessins.

FIG. 249. — **Fantassin** (XIe siècle). Il porte le *haubergeon*. Ce costume a été restitué par Viollet-Le-Duc, d'après une sculpture de l'église *abbatiale de Vézelay (Yonne).

dans une expédition, ils formaient l'infanterie, étaient archers ou arbalétriers. Ils portaient un pourpoint de cuir ou bien le *haubergeon*, cotte de mailles plus courte et plus légère que le haubert (fig. 249). Ils avaient sur la tête soit une sorte de béret de feutre, soit une calotte

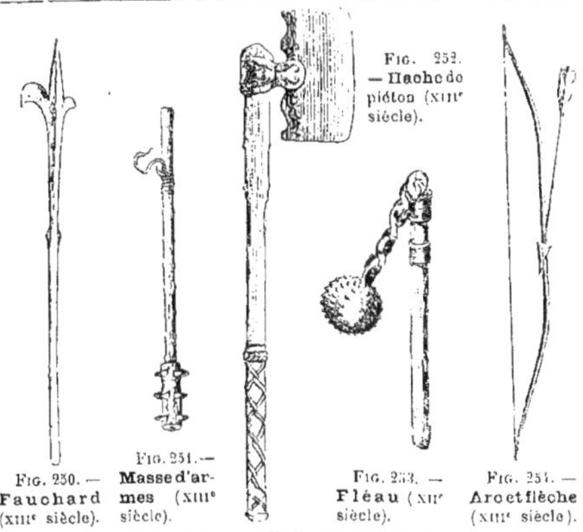

FIG. 250. — **Fauchard** (xiiie siècle).

FIG. 251. — **Masse d'armes** (xiiie siècle).

FIG. 252. — **Hache de piéton** (xiiie siècle).

FIG. 253. — **Fléau** (xiie siècle).

FIG. 254. — **Arc et flèche** (xiiie siècle).

Ces armes ont été restituées par Viollet-Le-Duc d'après des miniatures de différents manuscrits de la Bibliothèque nationale.

de fer. Ils étaient armés d'un bouclier long ou ovale (fig. 249), de piques (fig. 248), de l'épée, du *fauchard*, grand coutelas emmanché au bout d'une hampe (fig. 250), du bâton, de l'épieu, du fléau (fig. 253), de la masse (fig. 251), de la hache (fig. 252), de l'arc (fig. 254) et de la fronde.

Maisons des bourgeois. — Les maisons des bourgeois avaient au rez-de-chaussée une boutique disposée sous de larges arcades. Les étages supérieurs, au nombre de deux ou de trois, étaient des appartements éclairés sur la façade par de larges baies. Les toits dans le Midi étaient plats et garnis de tuiles ; dans le Nord, ils étaient pointus et formés de tuiles vernissées à l'aide desquelles on composait des dessins. Ces maisons étaient dans le

FIG. 255. — **Maison bourguignonne** (xiiie siècle), restituée par Viollet-Le-Duc, d'après les différents types de la Bourgogne.

FIG. 256. — **Maison du xiiie siècle à Saint-Antonin** (Tarn-et-Garonne), restaurée (Viollet-Le-Duc).

Nord faites de préférence en bois ; dans le Midi elles étaient plutôt construites en pierre. Il ne nous reste plus du xiie et du xiiie siècle que des maisons de pierre et encore, n'en est-il resté qu'un très petit nombre

(fig. 255-256). Parmi ces demeures, celles des riches bourgeois étaient spacieuses, commodément aménagées et décorées avec goût.

Les villes. — Les villes pendant la période des invasions avaient été ruinées et dépeuplées. Mais du ve au xie siècle, il se forma de nouveaux centres de population ; les roturiers se groupèrent tantôt autour des châteaux seigneuriaux, tantôt autour des abbayes. La plupart de nos villes actuelles ne furent ainsi à l'origine que de grosses bourgades ; des ruelles étroites et sales s'étendaient au pied du donjon seigneurial ou bien autour du clocher de l'abbaye. Au xiie et au xiiie siècle, de nouvelles villes prirent naissance dans des conditions différentes. Ce furent des *villes neuves* créées en grand nombre par les rois de France et d'Angleterre ou par de puissants seigneurs, comme les comtes de Champagne. Elles furent édifiées sur un plan régulier, en forme de rectangle ; elles étaient, le plus souvent, entourées de solides murailles ; les maisons y étaient construites le long de rues tirées au cordeau et se coupant à angle droit. Les principales voies allaient des portes fortifiées de l'enceinte à de petites places où l'on avait établi ici les halles, là l'église avec son cimetière.

Les communes ; la charte ; le sceau ; le beffroi. — A partir du xie siècle, grâce au progrès de l'industrie et du commerce, les villes commencèrent à retrouver leur importance dans la société. Beaucoup d'entre elles devinrent alors assez riches pour conquérir ou acheter de leurs seigneurs, le droit de s'administrer elles-mêmes ; elles formèrent ainsi de petites républiques qui prirent le nom de *communes*. Ce qui attestait l'indépendance d'une commune, c'étaient la *charte*, le *sceau* et le *beffroi*. La *charte* était un rouleau de parchemin, où était tracée d'une belle écriture régulière la liste des droits de la cité ; elle était conservée dans un coffret. Le *sceau* apposé au bas des parchemins où étaient rédigées les décisions des magistrats, les rendait seules valables. Chaque ville avait un sceau, dont la garde était confiée au maire de la ville ; on voit souvent figurés sur ces petits objets soit le maire (fig. 258), en costume de guerrier, ou bien en costume civil ; soit une image réduite de la ville (fig. 259) ; soit, comme sur les sceaux seigneuriaux, un cavalier armé de toutes pièces et galopant (fig. 260). Le *beffroi* était en général une tour carrée fort élevée et dominant la maison où se réunissaient les magistrats ; il était surmonté d'un comble de charpente recouvert d'un toit de plomb ou d'ardoise. C'étaient là qu'étaient suspendues les cloches de la commune. Lorsque le droit d'être organisée en commune était enlevé à une ville, on lui enlevait ses cloches. Au-dessous du toit régnait une galerie percée de fenêtres ; là se tenaient jour et nuit des guetteurs, chargés de sonner pour indiquer les heures, pour annoncer le couvre-feu, pour appeler les bourgeois à l'assemblée ou au tribunal, pour prévenir la cité d'un danger quelconque,

Fig. 257. — **Hôtel de ville et beffroi** de la ville d'Ypres (Belgique), construits de 1202 à 1304. Ce monument est appelé *halle aux draps* depuis que par suite de la construction au xviiᵉ siècle d'un nouvel hôtel de ville, il est devenu un marché.

Fig. 258. — **Sceau de la commune de Soissons** (1248). On y voit le maire en costume de guerre entouré de figures qui représentent probablement les échevins.

Fig. 259. — **Sceau de la commune de Namur** (1264). On y voit l'enceinte de la ville surmontée de sa bannière.

Ces trois sceaux sont conservés aux Archives nationales.

Fig. 260. — **Sceau de la commune d'Abbeville** (1187). On y voit un homme d'armes à cheval tenant le bouclier et l'épée.

d'un incendie ou de l'approche d'un parti ennemi. Il y avait dans le beffroi des salles, qui pouvaient servir de lieu de réunion aux magistrats municipaux, d'autres où l'on conservait les ᵃarchives. On trouvait encore dans le beffroi des magasins d'armes et quelquefois une prison. Les plus beaux beffrois que l'on rencontre aujourd'hui en Europe sont en Belgique ; l'un des plus célèbres est celui de la ville d'Ypres (fig. 257).

Aspect des villes au XIIᵉ et au XIIIᵉ siècle. — A partir du xiiᵉ siècle, les villes s'agrandirent et s'embellirent. Elles étaient entourées d'enceintes fortifiées, en avant desquelles se développèrent des faubourgs. Quelques villes ont encore conservé leur enceinte du moyen âge ; les plus remarquables de ces murailles en France sont celles de Carcassonne (fig. 261). Quelquefois la ville était partagée en quartiers dont chacun avait son enceinte avec des portes que l'on fermait après le couvre-feu. Dès la fin du xiiiᵉ siècle, quelques villes étaient en partie pavées. Dans les rues, on assurait l'écoulement des eaux soit par de profondes rigoles, soit par de véritables égouts. Les artisans se groupaient par métiers ; chaque métier, chaque commerce avait sa rue. Dans beaucoup de nos villes le souvenir de ces groupements est gardé encore aujourd'hui par des noms de rues, de places ou de quais : quai des Orfèvres, place de la Boucherie, rue de la Grande et de la Petite-Tannerie, rue de la Poissonnerie, étape au Vin, place du Change, etc. Dans toutes les villes se trouvaient des couvents ou des hôpitaux pourvus de vastes jardins. Les églises et les chapelles, très nombreuses dans les villes, étaient enchevêtrées dans des maisons qui étaient comme attachées à leurs flancs. A la fin du xiiiᵉ siècle, telle ville, comme Provins, avait dans l'enceinte étroite de ses murailles vingt édifices religieux. Quelques-unes des églises étaient entourées de cimetières

Fig. 261. — **La cité de Carcassonne.** — Cette ville a encore aujourd'hui conservé son enceinte reconstruite en majeure partie au XIIIᵉ siècle par saint Louis.

garnis sur les côtés de galeries servant de charniers. Les édifices civils étaient rares ; à part le beffroi, l'on ne trouvait guère que les *halles* formées d'un toit porté sur des piliers de bois et ouvertes de tous côtés. Au XIIIᵉ siècle, dans les villes un peu importantes, les rues étaient fort animées et l'on avait peine à y circuler. Les boutiques étaient encombrées d'étalages et d'acheteurs. Pendant les heures de repas, beaucoup de boutiques se fermaient. Le soir, lorsque le couvre-feu avait sonné et les jours fériés, les rues devenaient silencieuses et désertes.

L'industrie et le commerce. — La renaissance du commerce et de l'industrie qui se produisit à partir du XIᵉ siècle amena dans les villes une remarquable prospérité. Ni l'industrie, ni le commerce ne se pratiquaient alors comme aujourd'hui ; il n'y avait ni grandes usines où s'entassent les ouvriers, ni vastes magasins où s'amoncellent les marchandises de tout genre. Chaque patron travaillait au rez-de-chaussée de sa maison avec quelques ouvriers et apprentis ; chaque marchand étalait les objets de son commerce sur le rebord de la large fenêtre dont

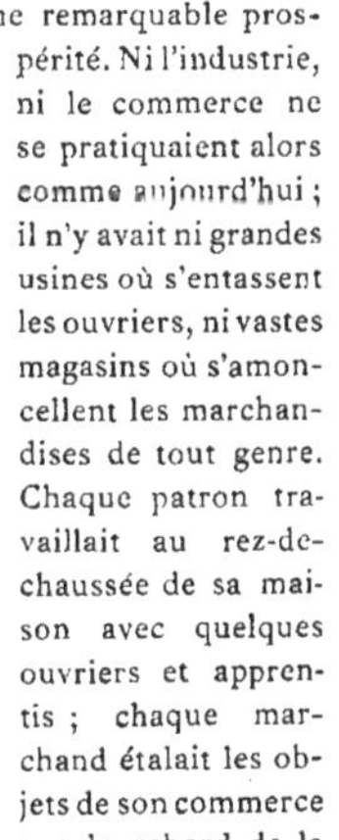

Fig. 262. — **Une boutique à Paris** (XIIIᵉ siècle), restituée par Viollet-Le-Duc d'après d'anciens dessins.

était percé le mur de façade de sa demeure (fig. 262). Nous connaissons assez bien la manière dont travaillaient les artisans du moyen âge, grâce aux nombreuses représentations de métiers qui se trouvent sur les vitraux de

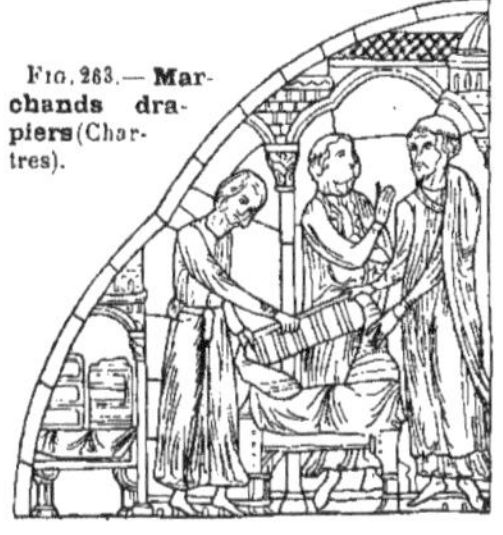

Fig. 263. — **Marchands drapiers** (Chartres).

Fig. 264. — **Charcutiers** (Bourges).

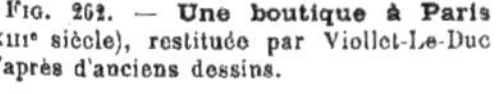

Fig. 265. — **Boulangers** (Bourges).

Fig. 266. — **Maçons, tailleurs de pierre et sculpteurs ou imagiers** (Chartres).

nos cathédrales. Beaucoup de ces vitraux ont été offerts aux églises par les corporations de métiers ; et l'usage était de figurer en bas du vitrail les ouvriers de la corporation au travail. Voici, des marchands drapiers (fig. 263), des charcutiers (fig. 264), des boulangers (fig. 265), des maçons, des tailleurs de pierre et des sculpteurs (fig. 266), des charpentiers (fig. 268), des maréchaux ferrants (fig. 269), etc.

Pour commercer avec l'étranger, des associations se formèrent et c'était par groupes que les négociants se rendaient d'un pays dans un autre. Sur mer, les gros vaisseaux ronds à deux ou trois ponts, à deux mâts, à six voiles, naviguaient également de conserve pour mieux

Ces représentations de métiers sont empruntées pour la plupart aux vitraux des cathédrales de Chartres et de Bourges (XIIᵉ et XIIIᵉ siècles).

8

Fig. 267. — **Une foire en Champagne au xiiiᵉ siècle.** — Au centre de ce dessin, on voit un bourgeois et sa femme revenant de faire leurs emplettes à droite, devant une boutique, des marchands de drap et leurs clients ; un commis à genoux déballant des draps ; un autre, portant des ballots ; à gauche, un mendiant ; un groupe de gens faisant peser leur monnaie par un changeur ; en arrière, au second plan, un seigneur et ses gens traversant la foule ; à gauche, une parade de saltimbanques ; à droite, d'autres boutiques ; en arrière, les bâtiments de la place : maisons, église, tourelles d'un château, etc.

Fig. 268. — **Charpentiers** (Chartres).

Fig. 269. — **Maréchal ferrant** (Chartres).

Fig. 270. — **Navire** marchand du xiiᵉ siècle (d'après une mosaïque de Saint-Marc de Venise).

se défendre des pirates. Sur l'avant et l'arrière de ces bâtiments, on installait de petites constructions de bois, des *châteaux*, d'où l'on pouvait lancer des traits sur les pirates qui venaient attaquer les navires (fig. 270). Au xiiiᵉ siècle, les routes furent plus sûres et mieux entretenues ; dès le xiiᵉ siècle, des confréries demi-laïques, demi-religieuses construisirent des ponts sur les fleuves ; c'est ainsi que furent édifiés les ponts d'Avignon et de Pont-Saint-Esprit.

Les foires. — Les marchands, pour faire le commerce, se rencontraient dans les *foires* (fig. 267) ; les plus célèbres étaient pour la France celles du Lendit, près de Paris, de Beaucaire et de Champagne. Les foires de Champagne se tenaient à Provins, à Bar-sur-Aube, à Troyes, et duraient plusieurs semaines. Les marchands se réunissaient tantôt en pleine campagne, sous des tentes, tantôt dans des lieux fermés de murs où leurs boutiques, construites en bois, formaient des rues et des places. Quelquefois, le déballage se faisait dans les rues et sur les places de la ville. Dans chaque ville, plusieurs foires se tenaient successivement ; on commençait par les draps, on continuait par les cuirs, les pelleteries et les épices, etc. ; pendant toute la durée de chaque foire, on vendait également des chevaux et des bestiaux. Acheteurs et vendeurs venus pour affaires trouvaient aussi de quoi se divertir à ces réunions ; à côté des boutiques des marchands se dressaient les tréteaux des baladins, montreurs d'animaux savants (fig. 271), équilibristes (fig. 272), acrobates (fig. 273), etc. Sur les places, les trouvères faisaient entendre des chansons de geste ou de joyeux fabliaux.

Les campagnes. — Les villages étaient nombreux au moyen âge. Les uns étaient nés des anciennes villas

Fig. 274. — **Ferme** de la Grange-Meslay, près Tours, construite au XIIIe siècle. (Verdier et Cattois).

Fig. 271. — **Le cheval savant** (Strutt).

des plantes oléagineuses et tinctoriales, étaient très répandues. Le bétail était nombreux ; aussi beaucoup de paysans étaient-ils bergers (fig. 276). Quant aux instruments et aux procédés de la culture, ils étaient encore fort primitifs (fig. 275), ce n'est guère que de nos jours qu'ils se sont modifiés et perfectionnés.

Fig. 272. — **Équilibristes** (Strutt).

Fig. 275. — **Paysans** au travail, d'après une miniature du XIIIe siècle (Bibliothèque nationale).

Fig. 273. — **Acrobates** (Strutt).

Ces jongleries ont été reproduites d'après des miniatures de divers manuscrits du XIVe siècle conservés en Angleterre.

mérovingiennes ou carolingiennes. Les autres s'étaient formés autour d'un sanctuaire, d'un oratoire, ou auprès des bâtiments d'exploitation d'un monastère. Beaucoup, au XIIIe siècle, furent établis sur des terrains défrichés ; les forêts couvraient alors encore une partie considérable du territoire français. Nous avons peu de renseignements sur la vie, les habitations, le mobilier des paysans au moyen âge ; nous connaissons mieux les grands bâtiments d'exploitation des maisons religieuses, dont quelques-uns subsistent encore (fig. 274). Ces fermes étaient composées de bâtiments séparés les uns des autres ; le terrain sur lequel étaient construits ces bâtiments était défendu par des fossés, de solides murs de clôture, de petites tourelles ou *échauguettes* et des portes flanquées de tourelles. Les cultures étaient à peu près les mêmes que de nos jours ; quelques-unes, comme celles

Distractions des bourgeois et des paysans. — Pour se délasser de leurs travaux, les habitants des villes avaient un moins grand nombre de divertissements que les seigneurs. L'usage de la chasse leur était interdit ;

Fig. 276. — **Bergers** (XIIe siècle), d'après un vitrail de la cathédrale de Chartres. Ils portent la besace et s'appuient sur la houlette.

ils ne prenaient point part aux tournois ; mais il leur restait les jeux d'adresse, la danse, les chants, les repas et les fêtes de corporations ou de confréries et le spectacle des entrées de princes, des tournois, enfin les cérémonies religieuses.

CHAPITRE VII

Les grands États européens du XIᵉ au XIIIᵉ siècle.

Les grands États européens. — Les chapitres précédents ont fait connaître l'aspect que la société européenne présenta du xᵉ à la fin du xiiiᵉ siècle. Pour compléter ce tableau, il faut ajouter quelques traits propres à chacun des grands États européens du moyen âge.

L'Allemagne; les villes. — L'Allemagne, à cette date, avait pour limites à l'est la vallée de l'Oder. La contrée

couvertes de marais et de bruyères, les Allemands, en train de conquérir le pays sur la population slave, habitaient de petits postes fortifiés où s'élevaient des églises en bois. Dans toute l'Allemagne, aux défilés des montagnes ou sur le bord des fleuves, on rencontrait les châteaux des nobles. Un des plus célèbres est celui de la Wartburg (fig. 277). Dans les plaines on trouvait de

Fig. 277. — **Le palais de la Wartburg.** — Les bâtiments de ce château, célèbre en Allemagne par la magnificence de ses maîtres, les landgraves de Thuringe, et les joutes qui y eurent lieu entre les plus fameux poètes du xiiiᵉ siècle, fut en majeure partie construit du xiᵉ au xiiᵉ siècle et a été restauré de nos jours.

la plus peuplée et la plus civilisée était alors la région occidentale, la vallée du Rhin avec les grandes villes épiscopales, Trèves, Cologne, Mayence, habitées par une population de libres marchands. Dans les villes, il y avait de vastes maisons construites en pierre; Cologne en a conservé quelques-unes (fig. 278). Il y avait aussi de fort belles églises; presque toutes les villes de la vallée du Rhin et de ses affluents ont encore leurs anciennes cathédrales. Une des plus importantes est celle de Bamberg (fig. 279). A mesure qu'on avançait vers l'est, les villes devenaient moins nombreuses et moins riches. En Saxe et en Thuringe, on rencontrait surtout les villes nouvelles créées par Henri Iᵉʳ pour résister aux invasions des Hongrois. Dans les plaines du Brandebourg, encore

Fig. 278. — **Maison** en pierre à Cologne construite au xiiiᵉ siècle (Gailhabaud).

Fig. 279. — **Cathédrale de Bamberg** (abside). — Fondée par l'empereur Henri II en 1004, elle fut détruite par un incendie en 1081 et reconstruite dans l'état qu'elle présente aujourd'hui avec ses quatre tours entièrement achevées. Elle renferme les tombeaux de l'empereur allemand Henri II de sa femme et du pape Clément II (Gailhabaud).

nombreux monastères fortifiés autour desquels les paysans cultivaient le sol.

Les empereurs. — L'Allemagne, divisée en un grand nombre de principautés, reconnaissait l'autorité des empereurs. Se considérant comme les successeurs de Charlemagne, les empereurs allemands conservèrent d'abord dans leur costume le manteau et la couronne carolingienne (fig. 280). Plus tard, leur costume ressembla à celui des prélats et se composa à peu près des mêmes vêtements (fig. 284). Le trésor impérial de Vienne conserve encore les pièces principales de ce vêtement (fig. 281-282). Les impératrices portaient le costume des femmes nobles

Fig. 280. — *Miniature d'un *évangéliaire, donné par l'empereur Henri II (1002-1024) à la cathédrale de Bamberg, aujourd'hui à la Bibliothèque de Munich, et représentant ce prince assis entre des prélats et des nobles (Henne am Rhyn).

Fig. 281. — **Couronne impériale** dite de Charlemagne, conservée au *trésor impériale de Vienne. Elle consiste en un diadème formé de 8 plaques, ornées d'*émaux, de perles et de pierreries, du ixᵉ ou du xᵉ siècle. Le couronnement a été ajouté au xiiiᵉ siècle (Henne am Rhyn).

Fig. 282. — **Dalmatique** en soie bleue ayant fait partie du costume impérial; conservée au *trésor de Vienne. C'est un travail byzantin du xiiᵉ siècle. Les dessins qu'on y voit se rapportent tous à la glorification de Jésus-Christ (Henne am Rhyn).

et s'en distinguaient seulement dans les cérémonies par le port de la couronne. Les insignes du pouvoir impérial étaient la lance, l'épée (fig. 285), le bouclier, le globe

Fig. 283. — **Sceptre** terminé par un aigle (xiiiᵉ siècle), conservé au *trésor de la cathédrale d'Aix-la-Chapelle (Henne am Rhyn).

Fig. 284. — **Figure** théorique représentant un empereur revêtu des ornements impériaux. Il porte une aube, par dessus laquelle est une étole dont les bouts sont passés dans la ceinture, et un grand manteau qui rappelle la chape des ecclésiastiques (Henne am Rhyn).

Fig. 285. — **Épée** solennelle avec son fourreau, fabriquée à Palerme pour Henri VII (1190-1197); conservée au *trésor impérial de Vienne (Henne am Rhyn).

(fig. 284), le sceptre (fig. 283) et les bracelets. Les sceaux et les *miniatures nous montrent le prince assis, soit sur un fauteuil dont les bras sont ornés de têtes d'animaux, soit sur un trône d'une riche architecture (fig. 280).

Résidences impériales. — Dans un* diplôme de Frédéric II, le titre de capitale de l'empire est donné à Aix-la-Chapelle; mais les souverains allemands ne se tinrent pas continuellement dans cette ville. Ils avaient dans les cités de l'empire et dans leurs domaines de nombreux châteaux qu'ils habitaient tour à tour. Chaque prince eut sa résidence favorite. Henri III et Henri IV se plurent particulièrement à Goslar. Les Hohenstaufen habitèrent volontiers le

Fig. 286. — **Palais impérial de Goslar** (état actuel), construit au xiiᵉ siècle par l'empereur Henri III; ce fut le lieu de naissance et le séjour favori de l'empereur Henri IV (Jæger).

château qui porte ce nom; le palais de Gelnhausen fut un des séjours préférés des empereurs allemands. Il subsiste encore aujourd'hui des fragments de ces châteaux (fig. 286-287).

Fig. 287. — **Château impérial de Gelnhausen** (état actuel). — Construit par Frédéric Barberousse (1152-1190) dans une île sur la Kinzig, affluent du Main, il fut la principale résidence des empereurs jusqu'à Charles IV (1346-1378) ; il n'en reste aujourd'hui que des débris (Hesse am Rhyn).

La cour impériale. — Leur cour ne différait guère à l'origine de celle des grands feudataires. Mais le nombre des personnes qui vivaient auprès des princes s'accrut par suite des expéditions des empereurs en Italie ; ils prirent l'habitude d'être environnés d'un grand nombre de chevaliers et d'ecclésiastiques. A la diète de Mayence, en 1184, on vit plus de quarante mille chevaliers rassemblés autour de Frédéric Barberousse. Dans une autre, tenue dans la même ville en 1235, Frédéric II eut auprès de lui soixante-quinze princes et douze mille chevaliers. Depuis le couronnement d'Otton Iᵉʳ, les principales fonctions domestiques de la cour, celles de chambellan, d'écuyer tranchant, d'échanson et de maréchal furent confiées aux chefs des plus grandes familles allemandes qui, dans les cérémonies solennelles, servaient en personne le souverain.

Le couronnement impérial. — La vie des princes allemands d'abord très simple, devint au xiiᵉ et au xiiiᵉ siècle très fastueuse. Les cérémonies prirent à la cour un grand éclat ; la plus importante de toutes était le couronnement. L'élection des princes se faisait le plus souvent, du moins sous les Hohenstaufen, à Francfort ; ils étaient couronnés comme rois de Germanie à Aix-la-Chapelle, comme rois d'Italie à Pavie, comme rois de Bourgogne à Arles, comme empereurs à Rome. La cérémonie du couronnement à Aix-la-Chapelle se faisait dans la cathédrale. Les archevêques de Cologne, de Trèves, de Mayence y avaient le principal rôle. Le prince était conduit processionnellement devant l'autel où étaient rangés les insignes du pouvoir. L'archevêque de Cologne demandait aux clercs et aux laïques s'il avait bien devant lui celui qu'ils voulaient prendre comme roi, et sur leur réponse affirmative, il oignait de l'huile sainte la tête, la poitrine et les poignets du prince et le revêtait des ornements royaux. La couronne était ensuite posée sur sa tête par les trois archevêques. Le nouveau prince prêtait serment en latin et en allemand, et la messe commençait.

A partir d'Otton le Grand, les empereurs allemands prirent l'habitude de se faire couronner une seconde fois par les papes à Rome. C'était dans la basilique de Saint-Pierre que le couronnement impérial avait lieu. Avant d'entrer dans l'église, l'empereur, amené par les grands officiers de la cour pontificale, jurait fidélité au pape ; puis le pape et l'empereur entraient dans l'édifice en se tenant par la main. La cérémonie rappelait dans ses grands traits celle du couronnement à Aix-la-Chapelle. La messe terminée, le pape sortait de l'église et montait à cheval ; l'empereur lui tenait l'étrier. Le souverain pontife prenait la tête d'un long cortège qui se dirigeait vers le Latran ; derrière lui, venaient l'empereur, l'impératrice, les barons allemands, les ecclésiastiques chantant des hymnes ; le peuple acclamait en ramassant les pièces de monnaie que lui jetaient les officiers impériaux. La cérémonie se terminait par un banquet, où l'empereur se plaçait à la droite du pape.

Rome au moyen âge. — Souvent des rixes s'élevaient entre Allemands et Romains. Mais ce n'était qu'une émeute de plus et Rome y avait été habituée par les querelles de ses barons. Ceux-ci avaient fortifié leurs demeures, et souvent même les débris des monuments antiques. Le pape lui-même avait fait du mausolée d'Adrien le château Saint-Ange. Les bourgeois et les gens du peuple habitaient des maisons basses couvertes de toitures de tuiles rouges. On trouvait encore dans la ville des ruines de l'ancienne Rome, en bien plus grand nombre qu'aujourd'hui.

Les républiques italiennes. — Rome n'avait guère de commerce ni d'industrie. Parmi ses habitants les uns vivaient des aumônes des religieux, les autres gagnaient leur vie en nourrissant et en logeant les pèlerins. Au contraire, les puissantes cités de l'Italie septentrionale devaient leur prospérité, soit à leur industrie, comme Florence et Milan, soit à leur commerce, comme Gênes, Venise, Pise. Ces villes s'étaient entourées de murailles. Elles avaient leurs milices qui se réunissaient autour du *caroccio*, char traîné par des bœufs, sur lequel on plaçait soit l'image du saint patron de la ville, comme à Milan, soit la cloche communale, comme à Florence. Ces villes étaient très curieuses ; elles avaient de nombreuses rues, étroites et sinueuses. Les maisons des

Fig. 288. — **San Gimignano**, petite ville voisine de Sienne. — Cette cité, construite presque en entier de la fin du xiie siècle à la fin du xiiie, a conservé la plupart des tours qui dominaient ses maisons (Tour du monde).

Fig. 289. — **Campanile ou tour penchée de Pise** construite au xiie siècle.

Fig. 290. — **Façade de l'église Saint-Marc, à Venise.** — Le corps de saint Marc ayant été amené de Constantinople à Venise au début du ixe siècle, une église fut aussitôt construite en l'honneur du saint. Brûlée avec le palais ducal en 976, dans une insurrection, elle fut reconstruite dans le courant du xie siècle.

Fig. 291. — **Baptistère de Pise**, construit au xiie siècle. La galerie au premier étage a été construite au xive siècle.

nobles étaient surmontées de hautes tours carrées construites en briques; ces tours servaient à défendre la maison en cas d'attaque. On en comptait trois cents à Milan au xie siècle, cent cinquante à Florence au xiiie siècle, et un historien prétend qu'il y en avait dix mille à Pise. La petite ville de San Gimignano en Toscane, en a conservé au-

Fig. 292. — **Cathédrale de Pise**, construite par Buschetto de 1063 à 1100 en l'honneur des victoires remportées par les Pisans sur les Sarrasins en Sicile.

jourd'hui encore une douzaine; aussi, est-ce parmi les villes italiennes, une de celles qui ont le mieux conservé l'aspect des cités du moyen âge (fig. 288-fig. 293). De bonne heure les villes italiennes qui étaient fort riches, s'ornèrent de beaux monuments; les plus remarquables étaient des édifices religieux, églises ou baptistères. Il y a encore

Fig. 293. — **La maison du podestat** ou gouverneur à San Gimignano construite au xiiie siècle (Tour du Monde).

Fig. 294. — **La chapelle Palatine** à Palerme, construite au commencement du xiie siècle, sous le règne de Roger II (1129-1151). — Cette chapelle présente un curieux mélange de l'art italien et de l'art arabe; le plafond est, en effet, orné de lames de bois découpées, comme on en voit aux plafonds des édifices musulmans (Gailhabaud).

aujourd'hui en Italie un très grand nombre de monuments de ce temps; parmi les plus intéressants, on peut citer la cathédrale de Saint Marc à Venise (fig. 290), la cathédrale, le baptistère et la tour penchée de Pise (fig. 289-291-292).

Les riches habitants de ces villes se vêtaient d'étoffes de velours ornées de figurines, de broderies en fils d'or, de franges d'or et de soie. Leurs robes étaient garnies de fourrures; les manches étaient semées de fleurs d'or. Ils portaient des ceintures tramées d'argent, des guirlandes de perles, des chaines entremêlées de cabochons; leurs mouchoirs étaient tissus d'or, d'argent, de soie. Les soirs de grandes fêtes, on allumait sur les places des fagots et les habitants illuminaient les remparts en garnissant les plates-formes de leurs tours de torches enduites de graisse et de térébenthine.

Le royaume de Sicile. — Au sud de l'Italie, on trouvait le royaume de Sicile. Ses princes entretenaient à Palerme une cour célèbre par l'éclat des fêtes. En relations constantes avec les Arabes et les Byzantins, ils prirent des mœurs qui rappelaient celles de l'Orient. Frédéric II, entouré de ses Sarrasins de Lucerna, de poètes et de savants, ressemblait plus à un khalife qu'à un roi de France ou d'Angleterre. Le grec était la langue officielle dans la rédaction des *actes. La longue tunique, les manches serrées au poignet, la couronne à plaque et à pendeloques, les étoffes décorées de médaillons que l'on portait dans le royaume sont des emprunts au costume grec (fig. 295). Les architectes construisaient des églises

et des palais où ils imitaient à la fois les monuments de l'Occident, ceux de l'empire byzantin et ceux des royaumes arabes (fig. 294). L'Italie méridionale formait ainsi un pays de transition entre l'Europe féodale de l'Occident et l'Orient grec et arabe.

Les rois de France. — Il n'y avait pas dans le royaume de France autant de différences et de contrastes qu'en Allemagne et en Italie. A partir du xiiie siècle, l'autorité du roi fut reconnue dans tout le royaume, et comme il n'y avait qu'un roi, il n'y eut qu'une capitale, Paris.

Fig. 295. — **Mosaïque** (xiie siècle) dans l'église Sainte-Marie de l'Amiral, à Palerme, représentant le Christ bénissant le roi de Sicile Roger II (Bayet).

Costume et insignes des rois de France. — Dans les cérémonies, les rois portaient un ample manteau drapé à la mode antique, attaché sur l'épaule gauche par une fibule (fig. 300). A partir de saint Louis, ce manteau eut la forme de la chape des ecclésiastiques (fig. 296). C'est aussi sous ce prince que l'on commença à faire les vêtements royaux avec des étoffes de couleur bleue ornées

Fig. 296. — **Saint Louis**, d'après une statuette du xiiie siècle ayant fait partie de l'ancien *retable de la Sainte-Chapelle (Musée de Cluny).

Fig. 298. — **Couronne** royale (xiie siècle), restituée d'après une statue funéraire dans l'église *abbatiale de Saint-Denis (Viollet-Le-Duc).

Fig. 297. — **Épée** (xiie siècle), ayant servi au sacre des rois de France (Musée du Louvre).

Fig. 299. — **Éperons d'or** (xiie siècle), ayant servi au sacre des rois de France (Musée du Louvre).

Fig. 300. — **Roi** en costume de cérémonie (début du xie siècle), restitué d'après une *miniature d'un manuscrit de la Bibliothèque nationale (Viollet-Le-Duc).

Fig. 301. — **Oriflamme**, d'après un vitrail de la cathédrale de Chartres (xiie siècle).

Fig. 304. — **Sceptre** d'après un sceau de Philippe-Auguste (xiie siècle).

Fig. 302. — **Main de justice** en ivoire (xiiie siècle), ayant servi au sacre des rois de France (Musée du Louvre).

Fig. 305. — **Saint Louis**, d'après une miniature conservée aux Archives nationales (xiiie siècle).

Fig. 303. — **Fourreau** de l'épée du sacre des rois de France (Musée du Louvre).

de fleur de lys d'or (fig. 305). Au sacre et dans les assemblées solennelles, les rois ont la couronne (fig. 298) et le sceptre (fig. 304); il ne reste plus aucun de ces objets et nous n'en connaissons l'aspect que par les sceaux et les statues royales placées dans nos cathédrales et sur les tombeaux de l'église *abbatiale de Saint-Denis (Seine) où furent ensevelis jusqu'en 1789 les rois de France et les membres de leur famille. Le trône royal était tantôt une sorte de coffre sur lequel on plaçait un coussin (fig. 300), tantôt une sorte de tabouret en forme d'X dont les montants terminés par des têtes de lion étaient formés par des pieds d'animaux. Il avait aussi la forme du siège appelé improprement siège de Dagobert (fig. 42, page 12). Les autres insignes du pouvoir royal étaient l'épée (fig. 297 et 303), les éperons d'or (fig. 299), la verge de justice surmontée d'une main d'ivoire (fig. 302). Lorsque les princes partaient pour une expédition, ils allaient prendre à Saint-Denis l'oriflamme, étendard fait d'une étoffe rouge feu découpée en dents, attachée à une hampe dorée (fig. 301).

L'hôtel du roi. — « Ce n'est pas la coutume des princes de vivre solitaires », dit un chroniqueur allemand. De bonne heure, les rois de France eurent autour d'eux un nombreux personnel; mais ce n'est qu'au xiiie siècle que leur cour fut bien organisée. Dès lors, on désigna sous le nom d'*hôtel du roi* l'ensemble des services que comporte la maison royale. C'était la panneterie, l'échansonnerie, la cuisine, la fruiterie, l'écurie, la fourrière dont les officiers étaient chargés de nourrir et loger le roi et sa cour en voyage; le service de la chambre (valets de chambre, chambellans, barbiers, tailleurs, etc.), le service de santé confié à des clercs, celui de la chasse, le service de la garde et des armes comprenant les huissiers d'armes, qui gardaient la chambre à coucher du roi, les sergents d'armes au nombre d'une trentaine qui étaient la garde particulière du souverain et un corps d'arbalétiers et d'archers qui accompagnaient partout le roi, enfin le service de la chancellerie composé de clercs qui rédigeaient et expédiaient les ordres royaux.

Le sacre. — La vie de cour sous les Capétiens directs était encore très simple. On témoignait de la courtoisie et de la déférence envers le roi ; mais il n'y avait pas de cérémonial minutieux. Les fêtes étaient nombreuses : c'était la célébration des solennités religieuses, la réunion des assemblées où le roi convoquait les grands et les prélats, l'admission dans la chevalerie des fils du roi, le mariage de ses enfants.

La plus importante de ces cérémonies était le *sacre* où se faisait le couronnement du roi (fig. 306). Il avait lieu à Reims. Au xiiie siècle, lorsque le cérémonial en fut fixé, on allait d'abord chercher processionnellement la sainte ampoule à l'abbaye de Saint-Remi où elle était conservée. La sainte ampoule était une fiole remplie d'huile sainte que, suivant la tradition, une colombe avait

Fig. 306. — **Un sacre au XIIIe siècle** (restitution). — Lorsque l'archevêque de Reims avait placé la couronne sur la tête du roi, les pairs de France, laïques et ecclésiastiques, reconduisaient le roi à l'estrade où il prenait place pour entendre la messe, en soutenant de la main la couronne royale. On voit ici représenté ce moment de la cérémonie du sacre.

Fig. 307. — **Le Louvre de Philippe-Auguste** (restitution). — Ce palais, qui était en même temps une forteresse, était beaucoup plus petit que le Louvre actuel : il tenait à peu près tout entier dans la grande cour du palais moderne. Il ne reste aujourd'hui de ce premier château qu'un fragment de muraille encastré dans les bâtiments du XVIe siècle, des débris de la chapelle retrouvés dans des fouilles récentes et des substructions (Hoffbauer).

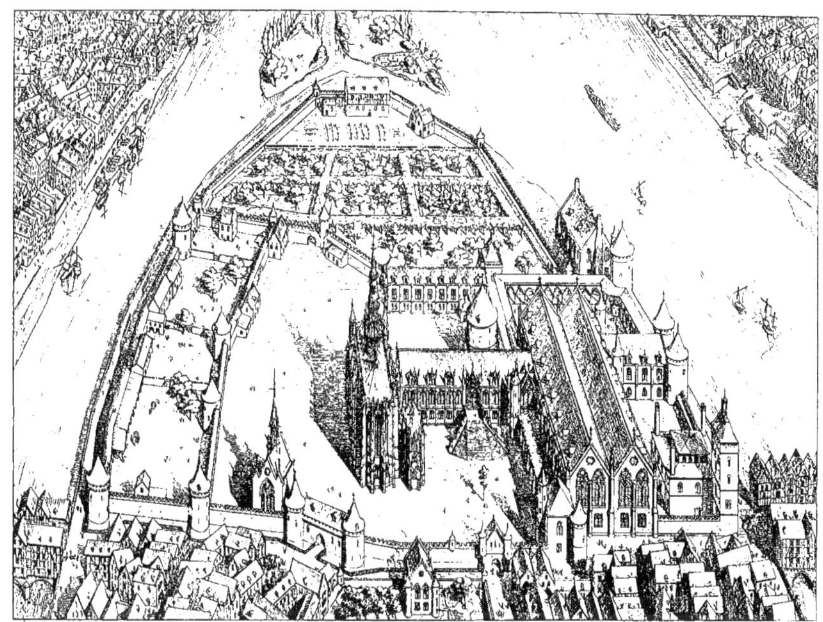

Fig. 308. — **Le Palais des rois de France**, dans la Cité à Paris au début du xivᵉ siècle (restitution). — Au centre est la Sainte-Chapelle, construite par saint Louis ; à droite une petite chapelle servant de sacristie et de trésor des chartes. La Sainte-Chapelle est reliée par des galeries construites sous Philippe le Bel à la grande salle également élevée par ce prince, où le Parlement tenait ses séances : à droite de cette grande salle formée de deux bâtiments accolés l'un à l'autre étaient les cuisines bordant la Seine et précédées d'une tour carrée, dite la tour de l'Horloge. En arrière étaient des bâtiments élevés par saint Louis, une cour entourée de portiques et des bâtiments d'habitation. Entre ces bâtiments et la galerie était un gros donjon ; dans la première cour, on trouvait un grand perron donnant accès aux galeries ; on appelait cette cour la cour du Mai, à cause de l'arbre ou *mai* qu'y plantaient au printemps les clercs de la Basoche. A la pointe de l'île, étaient les jardins du roi, ornés de treilles célèbres ; à gauche, en revenant, des communs ; et sur l'enceinte qui faisait le front du palais, une chapelle dite de Saint-Michel. Le palais donnait sur la rue de la Barrillerie qui communiquait avec le Pont aux Changeurs qu'on voit à droite. De tous ces bâtiments, il reste aujourd'hui la Sainte-Chapelle, la tour de l'Horloge et quelques autres fragments. Sur les jardins s'élève aujourd'hui la place Dauphine, et les petites îles aujourd'hui réunies à la Cité supportent les piles et la terrasse du Pont-Neuf, construit sous le règne de Henri IV.

apportée à saint Remi pour baptiser Clovis. Puis la cérémonie commençait dans la cathédrale où le roi avait pris place sur une estrade avec les pairs du royaume. L'archevêque faisait prêter au roi le serment de respecter les droits des églises et de mettre les hérétiques hors du royaume. Le roi allait ensuite à l'autel et il y était revêtu par les pairs du costume et des insignes royaux. Alors l'archevêque prenait, avec une aiguille d'or, une goutte du saint chrême, de laquelle il oignait le roi au-dessus de la tête, à la poitrine, aux épaules, entre les épaules. Puis il prenait la couronne qui avait été posée sur l'autel et la plaçait sur la tête du roi. Le prince retournait à sa place et la messe commençait.

Les résidences royales ; Paris. — Pendant longtemps, les rois de France habitèrent tour à tour les principales villes de leurs domaines. Mais à partir du xiiᵉ siècle Paris fut le séjour préféré des rois capétiens. Ils y établirent leur palais dans l'île de la Seine, qu'on

appelle la Cité. Ce palais, construit probablement par le roi Robert, fut agrandi par saint Louis qui y éleva la Sainte-Chapelle et par Philippe le Bel. Ce prince l'isola des maisons environnantes et le reconstruisit presque en entier. Voici comme on peut essayer de se le représenter au début du xivᵉ siècle (fig. 308). Dans la Cité, on trouvait encore la cathédrale, l'archevêché et l'hôtel-Dieu. Sur la rive gauche était le quartier des écoles ; sur la rive droite le quartier des affaires avec le marché des Halles, la place de Grève et son port. On y voyait aussi le long de la Seine le château royal du Louvre, construit par Philippe le Bel. En voici une restitution (fig. 307). Deux ponts couverts de maisons reliaient les deux rives ; il n'y avait point de quais et pendant les crues du fleuve, l'eau arrivait jusqu'au pied des maisons. Par sa population qu'on estimait alors à 200 000 habitants, par l'importance de ses monuments et l'activité de son commerce et de son industrie, Paris méritait bien d'être

Fig. 309. — **Femme anglo-saxonne** (xi° siècle), d'après une *miniature d'un manuscrit anglo-saxon, représentant la reine Emma, femme de Canut (Green).

Fig. 310. — **Intérieur d'une maison anglo-saxonne**, d'après une *miniature d'un manuscrit du xi° siècle conservé au British Muséum. On voit au centre, le mai-tre de la maison dis-tribuant des tribuant des rents bâti-maiment l'habitation l'artiste avec une grande maladresse (Wright).

Fig. 311. — **Roi anglo-saxon** (xi° siècle), d'après une *miniature d'un manuscrit anglo-saxon repré-sentant le roi Canut (Green).

Fig. 312. — **Septembre** : la chasse aux sangliers.

Ces trois *miniatures sont empruntées à un au British Mu-

Fig. 313. — **Guerrier anglo-saxon** (xi° siècle).

Fig. 314. — **Mai** : moutons au pâturage.

calendrier anglo-saxon du xi° siècle, conservé scum (Green).

considéré, suivant le mot d'un chroniqueur de ce temps, comme « la tête du royaume et le siège de la royauté ».

L'Angleterre jusqu'au X° siècle. — La conquête nor-mande fut la dernière des invasions subies par l'Angle-terre au moyen âge. Avant Guillaume le Conquérant, les Danois, les Germains et les soldats de Rome avaient déjà envahi la Grande-Bretagne. La civilisation primitive des peuples de cette île toute celtique à l'origine disparut dans le sud et le centre de l'Angleterre. Les coutumes celtiques se maintinrent seulement en Écosse et en Irlande restées à l'abri des envahisseurs. La civilisation romaine, introduite dans le sud de l'île à partir du 1ᵉʳ siècle de l'ère chrétienne, y laissa peu de traces. Au iv° siècle, les Romains abandonnèrent l'Angleterre sans avoir aussi fortement marqué de leur influence cette contrée que la Gaule ou l'Espagne.

Les Jutes, les Angles et les Saxons, qui prirent la place des Romains en Angleterre, avaient gardé le costume et les usages des anciens Germains. La conversion des Anglo-Saxons au christianisme, au vii° siècle, développa chez les plus intelligents le goût des lettres. L'Irlande, où le christianisme avait été prêché dès le v° siècle, se peupla de monastères. La science des moines, leurs talents à embellir leurs manuscrits de peintures bizarres les rendirent célèbres dans tout l'Occident.

L'Angleterre au X° et au XI° siècle. — Les inva-sions, les guerres continuelles entre les princes des sept royaumes barbares, la conquête danoise au x° siècle causèrent les plus grands maux à l'Angleterre et y retardèrent le développement de la civilisation. On estime que sous les rois danois, au xi° siècle, un tiers du pays était couvert de forêts, de fourrés et de broussailles, un autre de landes et de marais; le dernier tiers était seul cultivé. L'*outarde, le castor, l'ours, le sanglier, les bœufs sauvages, le loup aux environs même de Londres peuplaient les forêts. Les villes étaient encore peu nombreuses et se développèrent lentement; elles n'avaient guère d'autres monuments que leurs églises. Celles qui existent encore sont petites et peu ornées. Les habitations à la ville ou dans les campagnes étaient des maisons basses; les plus luxueuses étaient faites avec de gros murs en pierre et étaient couvertes de toits en tuiles. Les plus misérables n'avaient que des murs de torchis et des toits de chaume; les ouvertures étaient peu nombreuses et fermaient mal. Ces habitations ne sont d'ailleurs connues que par des *miniatures (fig. 310).

Fig. 315. — **Harold** prête serment de vassalité à Guillaume en étendant
les mains sur des châsses.

Fig. 316. — **Préparatifs** de descente en Angleterre :
fabrication des mâts.

Fig. 317.— **Construction** des navires.

Fig. 318. — **Embarquement** des armes et des provisions.

Fig. 319. — **Lancement** des navires à la mer.

L'ouvrage que l'on désigne d'ordinaire sous le nom de **tapisserie de Bayeux** est en réalité une broderie exécutée à la main avec des fils de diverses couleurs sur une bande de toile de 0ᵐ50 de haut sur 70ᵐ34 cent. de long. Elle comprend 72 scènes généralement séparées par des arbres ou des édifices ; chaque scène est accompagnée d'une courte légende latine et est encadrée de deux bordures, l'une en haut, l'autre en bas de la toile, où l'on a figuré des lions, des oiseaux, des sphinx, des dragons, des scènes de chasse et de labourage, etc. La tapisserie est mentionnée pour la première fois dans un inventaire du trésor de la cathédrale de Bayeux, fait en l'année 1476. Il y est dit qu'elle était tendue dans l'église autour de la nef les jours où l'on exposait les reliques.

Fig. 320. — **La bataille** d'Hastings.

Révélée aux savants par l'historien Montfaucon qui, en 1729, la publia dans ses *Monuments de la monarchie française*, elle faillit être détruite pendant la Révolution, ayant été employée comme bâche pour les transports militaires. Recueillie et cachée par quelques notables de Bayeux, elle fut signalée à Napoléon qui la fit exposer à Paris en 1803 pendant quelques jours, puis renvoyée à Bayeux où elle fut désormais conservée. Cette œuvre a été probablement inspirée par l'évêque Odon, frère de Guillaume le Conquérant, commandée peut-être par lui ou par le chapitre de Bayeux et exécutée sous la direction de la reine Mathilde.

Le costume différait peu de celui que portaient les populations du continent à l'époque carolingienne (fig. 309-fig. 313). Le costume des princes était à peu près le même que celui des rois français ou allemands ; ils avaient dans les cérémonies une couronne de métal (fig. 311). Les mœurs étaient encore grossières ; les habitations ne comportaient qu'une grande salle, le *hall*, où le seigneur vivait avec sa famille et ses serviteurs. Au centre était un brasier dont la fumée s'échappait par un trou pratiqué dans la toiture ; maîtres et valets mangeaient à la même table. Le seigneur et sa femme étaient assis à l'un des bouts de la table ; les mets étaient servis dans des plats en terre. L'usage des fourchettes était inconnu. Les Anglo-Saxons étaient de grands buveurs ; ils se servaient de vases terminés en pointes par le bas ; on les tenait à la main et il fallait chaque fois les vider d'un seul trait. Le soir, quand le seigneur s'était retiré, on débarrassait la salle des tréteaux et des tables ; chacun se couchait à terre ou sur des bancs, enroulé dans des couvertures, ayant ses armes à portée de la main. L'ameublement était simple ; les lits et les sièges étaient durs ; aussi y plaçait-on de gros coussins. La chasse (fig. 312) et la guerre étaient les passe-temps préférés des grands. L'occupation des gens de petite condition était l'élevage des troupeaux, seule richesse du pays (fig. 314).

L'invasion normande. — En 1066, le duc de Normandie, Guillaume le Conquérant, débarqua en Angleterre et s'empara de ce pays. Il nous reste un curieux docu-

Fig. 321. — **Chevalier anglais** (xiiie siècle), d'après un tombeau dans l'église de Surroy (Angleterre).

Fig. 322. — **Chœur de la cathédrale de Canterbury** ; le chœur, commencé en 1182, fut construit sur les plans d'un architecte français, Guillaume de Sens.

Fig. 323. — **Roi anglais** (xiiie siècle); statue funéraire de Henri III (1216-1272), conservée à l'abbaye de Westminster (Stothard).

Fig. 324. — **Tour** construite par Henri III (1216-1272) au château de Windsor (Wyatville).

Fig. 325. — **Donjon** (restauré) **du château de Conisborough** (fin du xiie siècle), construit à la mode normande (Clark).

ment qui nous renseigne d'une façon très précise sur l'aspect que présentait l'armée de Guillame, quand ce prince passa en Angleterre. C'est la fameuse tapisserie de Bayeux. On appelle de ce nom une longue bande de broderie du xie siècle conservée aujourd'hui à la cathédrale de Bayeux. Elle représente les incidents qui provoquèrent la guerre, les préparatifs de l'expédition et les principaux épisodes de la conquête (fig. 315-320).

Les Normands introduisirent en Angleterre les usages qui étaient suivis sur le continent. Le pays se couvrit de gros donjons carrés à la mode normande (fig. 325). L'architecture sobre et élégante de la Normandie devint celle de l'Angleterre. Le costume fut celui qu'on portait sur l'autre rive de la Manche; il n'y avait guère de différence entre un chevalier anglais et un chevalier français (fig. 321). Malgré les guerres civiles du xiie siècle et l'avidité des rois angevins, le pays prospéra. Grâce à une rigoureuse administration, la sécurité devint plus grande en Angleterre qu'en aucune autre contrée de l'Europe. Les villes s'agrandirent ; c'est alors que furent édifiées tant de splendides cathédrales et de riches abbayes. Une des plus remarquables églises de ce temps est la cathédrale de Canterbury (fig. 322). Les habitants des campagnes s'enrichirent par l'élevage des troupeaux et la préparation de la laine qu'ils exportèrent sur le continent.

Les rois anglais. — Aussi peu de princes furent-ils aussi riches au xiie et au xiiie siècle que les rois anglais. Leur trésor était immense; on compte par milliers de marcs d'or et d'argent les legs faits par Henri II dans son testament aux églises et aux monastères. Ils eurent de nombreux châteaux; le plus remarquable était celui de Windsor, en grande partie construit par Henri III. Il reste dans le château actuel de Windsor quelques fragments

Fig. 326. — **L'église du Temple** à Londres, construite sous Henri II (1154-1189) et consacrée en 1185. Cette église, ayant été construite par les Templiers, est de forme circulaire pour ressembler au Temple de Jérusalem qui était rond (Pugin).

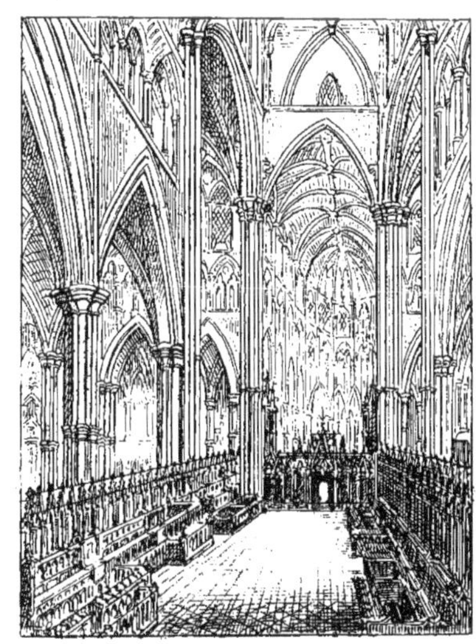

Fig. 327. — **Chœur de l'abbaye de Westminster**. Cette partie de l'édifice fut construite en 1220 par Henri III (1216-1272) dans le style gothique. C'est dans l'église de l'abbaye de Westminster qu'ont été ensevelis les rois anglais.

des premières constructions (fig. 324). Leur cour, organisée à peu près comme celle des princes français, était bien plus riche. Leurs fêtes étaient magnifiques; c'est par milliers qu'ils invitaient les prélats et les nobles à y assister. Ils se faisaient solennellement couronner; la cérémonie du sacre était dans ses grands traits la même que celle des princes français. Leur costume de cérémonie était d'ailleurs à peu près le même que celui des rois de France (fig. 323).

Londres. — Winchester avait été la capitale des rois anglo-saxons. Londres devint celle des rois normands; mais ils ne s'y fixèrent jamais à demeure, comme les rois de France à Paris. Londres n'était encore au XIIIe siècle qu'une ville d'environ 2 kilomètres de long sur 1 kilomètre de large, s'étendant sur la rive septentrionale de la Tamise. Guillaume le Conquérant y éleva une solide forteresse, la tour de Londres; son fils Guillaume le Roux fit édifier la muraille qui environne la tour. Jean sans Terre construisit le fameux pont sur la Tamise. Le chroniqueur Fitz Stephen, qui a décrit la ville à la fin du XIIe siècle, signale le nombre considérable des

Fig. 328. — **Chapelle de la tour de Londres** construite en 1078 par Guillaume le Conquérant.

édifices religieux; on y comptait alors treize grandes églises et cent vingt-six paroisses; les couvents étaient en grand nombre. Beaucoup de constructions étaient encore en bois; Fitz Stephen signale comme un des fléaux de Londres la fréquence des incendies. Il décrit les nombreux marchés qu'on trouvait dans la ville, qui était déjà un important centre de commerce; sur le bord du fleuve accostaient les navires, et il y avait sur les berges des celliers où l'on gardait les vins importés de France. A côté de ces docks primitifs, on avait installé une sorte de cuisine publique où les ouvriers du port et les voyageurs pouvaient se restaurer. Enfin, à peu de distance des murailles, une grande foire aux chevaux se tenait tous les samedis dans la plaine de Smithfield. Parmi les capitales européennes, Londres est une de celles qui ont le moins conservé de souvenirs des grands siècles du moyen âge; à part la Tour (fig. 328), l'abbaye de Westminster (fig. 327), l'église du Temple (fig. 326), il ne reste guère comme monuments antérieurs à la fin du XIIIe siècle que quelques parties d'églises.

CHAPITRE VIII
Les lettres et les arts du XIe au XIIIe siècle.

L'étude au moyen âge. — Il y a eu au moyen âge un grand nombre d'écrivains et d'artistes. Ce furent d'abord de préférence des gens d'église, prêtres et moines ; mais bientôt le savoir se répandit également parmi les laïques.

Les instruments. — Ceux qui voulaient s'instruire pendant le moyen âge ne trouvaient point facilement, comme aujourd'hui, des livres et des maîtres. Les livres écrits à la main, d'où leur nom de *manuscrits*, étaient rares et coûteux.

Fig. 329. — **Tablettes de cire** portant les comptes de l'hôtel de saint Louis ; aujourd'hui aux Archives nationales.

Du VIIe au XVe siècle, on écrivit de préférence sur des peaux d'agneaux ou de jeunes veaux, soigneusement tannées, raclées et polies à la pierre ponce. On appelait *parchemin* les peaux ainsi préparées. On s'en servait pour les chartes et les livres ; pour les lettres et les comptes, on employait encore, comme chez les anciens, des tablettes de bois ou d'ivoire enduites d'une mince couche de cire noire. Nous avons conservé quelques-unes de ces tablettes (fig. 329). On y traçait des caractères à l'aide de stylets, petites pointes d'os ou d'ivoire, aiguisées à un bout, aplaties à l'autre ; avec le bout plat, on pouvait effacer ce qu'on avait écrit. Sur le parchemin, on écrivait à l'aide de plumes d'oie ; l'encre était un mélange de noix de galle et de sulfate de fer. Le papier de fil a été également connu au moyen âge, mais il ne fut guère employé que pour les lettres.

L'écriture. — L'écriture en usage fut d'abord la *minuscule caroline* inventée par Alcuin (fig. 331-332). Cette écriture, aussi lisible que nos caractères d'imprimerie, qui

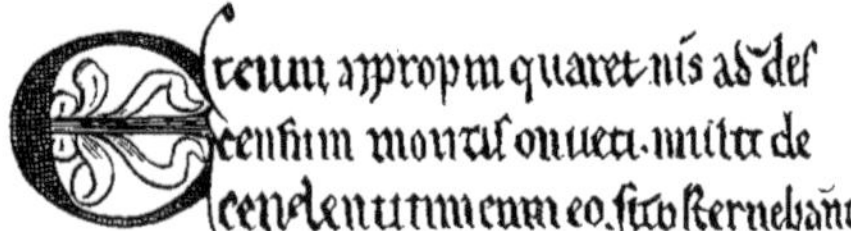

Fig. 331. — **Minuscule** (XIe siècle) d'un manuscrit de la Bibliothèque nationale. Le texte se lit ainsi : « ... astitit omni viæ non bonæ, maliciam autem non odivit. Splendebat quippe in eo species Judæ traditoris. Domini qui loculos habens ... » C'est un passage de la vie du roi Robert (Prou).

Fig. 332. — **Minuscule** (XIIIe siècle) d'un manuscrit de la Bibliothèque nationale. Le texte se lit ainsi : « Et cum appropinquaret Jesus ad descensum montis oliveti, multi descendentium cum eo substernebant... » « Et comme Jésus approchait en descendant le mont des Oliviers, beaucoup de ceux qui descendaient avec lui jetaient... » sous ses pas leurs vêtements (Prou).

en sont d'ailleurs dérivés, ne commença à se déformer qu'au début du XIIe siècle ; les caractères en devinrent alors plus pointus et commencèrent à se charger de fioritures ; ce fut la *gothique* (fig. 330). La minuscule carolingienne, puis la gothique se répandirent dans toute l'Europe et s'y substituèrent aux autres écritures, dites *écritures nationales*, telles que l'écriture wisigothique,

lombarde ou anglo-saxonne, parce qu'elles étaient moins compliquées et par conséquent d'une lecture plus facile.

Les manuscrits. — Ce sont des cahiers de parchemin cousus les uns aux autres et enveloppés dans une couverture. Du Xe au XIVe siècle, les manuscrits sont en général de forme rectangulaire ; leur format le plus considérable est celui de nos in-4° ; mais il y en eut beaucoup de plus petits. Les plus grands, et ceux dont l'exécution ou l'orne-

Fig. 330. — **Écriture gothique** d'une charte de 1124. Le texte se lit ainsi : « In nomine sanctæ et individuæ Trinitatis, ego Ludovicus, Dei misericordia in Francorum sublimatus, notum fieri volo cunctis fidelibus tam futuris quam et instantibus quod Johannes venerabilis... » c'est-à-dire « Au nom de la Sainte et indivisible Trinité, moi, Louis, élevé au trône des Français par la miséricorde divine, je veux faire savoir à mes fidèles présents et à venir que le vénérable Jean... » Il s'agit d'une cession de terre faite par Louis VI à l'évêque d'Orléans (Prou).

mentation sont soignées, sont d'ordinaire des bibles ou des recueils d'évangiles pour les différents offices de l'année ; les plus petits et les moins parés sont des livres d'enseignement, des recueils de chansons de geste ou de poésies à l'usage des trouvères. Beaucoup ne sont recouverts que d'une feuille de cuir ; mais il y en a d'autres dont les reliures sont faites de légères planchettes de

Fig. 333. — **Plaque de reliure** (xiiiᵉ siècle) en orfévrerie. On y voit sculptés le Christ en croix, la Vierge et saint Jean. Elle recouvre un recueil d'évangiles pour les principales fêtes de l'année (Bibliothèque nationale).

Fig. 334. — **E majuscule** (xiᵉ siècle), d'après un manuscrit de la Bibliothèque nationale (Silvestre).

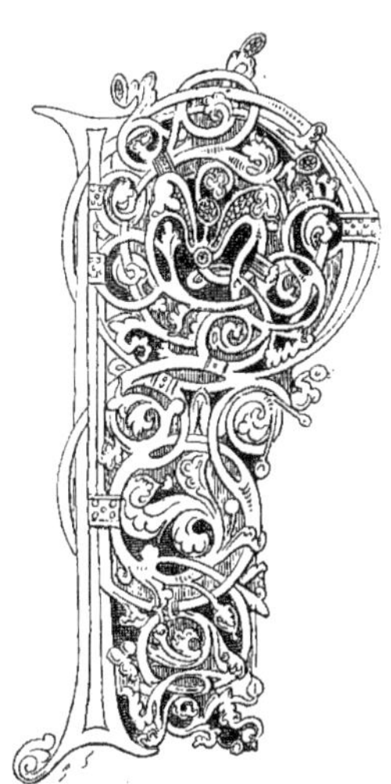

Fig. 335. — **P majuscule** (xiiᵉ siècle), d'après un manuscrit allemand de la bibliothèque de Vienne, en Autriche (Silvestre).

Fig. 336. — **V majuscule** (xiiiᵉ siècle), d'après un manuscrit bohême du musée de Prague (Essenwein).

Fig. 337. — **Page d'un manuscrit** (xiiiᵉ siècle); la *miniature représente le trouvère Adenez récitant devant la reine de France, Blanche de Castille et la comtesse d'Artois, Mathilde de Brabant, le roman de Cléomadès: au-dessous de la miniature sont écrits les premiers vers du poème, d'après le manuscrit conservé à la bibliothèque de l'Arsenal, à Paris. Cette page est à peu près réduite au tiers de l'original (Lacroix).

Fig. 338. — **Personnage écrivant sous la dictée**; *miniature d'un manuscrit allemand du xiiᵉ siècle. Ces deux personnages représentent, d'après l'inscription placée entre eux, deux poètes antiques vêtus à la mode du moyen âge, et les deux oiseaux sont des démons qui leur soufflent l'esprit du mal. Au-dessus se lit le mot *poeta*, c'est-à-dire poètes (Strauss).

bois qui portent des plaques d'ivoire ou de métal sculpté, des *émaux, des pierres précieuses (fig. 333), etc. Dans les manuscrits de luxe l'écriture est élégante et régulière. Les titres de chapitre sont écrits en caractères spéciaux, *onciale* ou *capitale*, et tracés avec une encre de couleur. Le début des chapitres ou même des alinéas est indiqué par des initiales ornées; ces majuscules sont dessinées ou peintes au xiᵉ et au xiiᵉ siècle avec une richesse d'ornements et une extraordinaire fantaisie (fig. 334-335). Au xiiiᵉ siècle, elles sont d'un goût plus pur et souvent rehaussées d'or (fig. 336). De petites aquarelles ou miniatures illustrent le texte (fig. 337). On a conservé un grand nombre de manuscrits du moyen âge; la Bibliothèque nationale de Paris en possède à elle seule une collection de plus de cent mille.

Les copistes. — Jusqu'au début du xiiiᵉ siècle, les manuscrits furent rédigés le plus souvent dans les monastères, et ce travail fut une des principales occupations des moines et des religieuses. Il y avait dans les abbayes une salle spéciale où quelques moines passaient leurs journées entières à copier des manuscrits (fig. 338); c'étaient eux aussi qui faisaient toutes les opérations accessoires, préparation et réglage des feuillets, couverture des volumes, etc. Au xiiiᵉ siècle, après la fondation des grandes universités, les moines ne suffirent plus à ce travail. Des corporations laïques de parcheminiers, de copistes, d'enlumineurs et de relieurs leur succédèrent. A Paris, elles étaient placées sous le contrôle du recteur de l'Université. Les volumes publiés à Paris acquirent vite une grande réputation dans toute l'Europe.

Les bibliothèques. — Les manuscrits coûtaient fort cher; pendant longtemps il n'y eut que les abbayes qui eurent des bibliothèques. Les plus considérables au

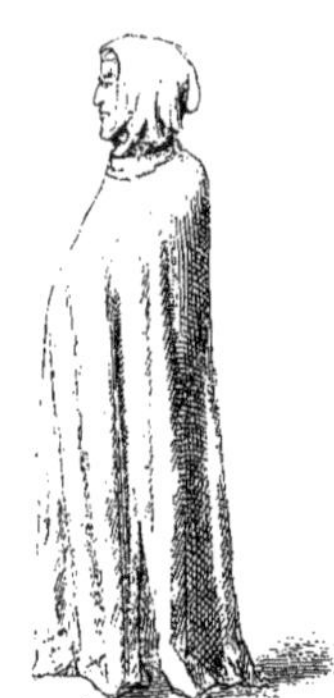

Fig. 339. — Docteur (XIIIᵉ siècle), d'après un *bas-relief de la cathédrale de Paris (Viollet-Le-Duc).

Fig. 340. — École normande (XIᵉ siècle), d'après une *miniature d'un manuscrit conservé au Trinity College, à Cambridge (Wright).

Fig. 341. — Maîtres et étudiants (XIIIᵉ siècle), d'après un médaillon de la cathédrale de Paris.

Fig. 342. — Maître tenant à la main des verges, restitué d'après une *miniature d'un manuscrit du XIIIᵉ siècle de la Bibliothèque nationale (Viollet-Le-Duc).

XIIᵉ siècle ne comprenaient guère que quelques centaines de livres. Ces livres étaient disposés à plat dans des armoires, et les plus précieux d'entre eux étaient retenus par des chaînes, pour qu'on ne pût les voler. A partir du XIIIᵉ siècle, les manuscrits devinrent plus nombreux, moins coûteux et les laïques commencèrent à se former de petites bibliothèques.

Les écoles monastiques. — C'est auprès des églises et des abbayes que se groupaient les écoles; celles-ci étaient surtout destinées à l'instruction des clercs. Les enfants étaient réunis dans une salle commune sous la surveillance d'un clerc âgé (fig. 340). En général, ils étaient assis à terre ou sur des bottes de paille; le maître lisait, et les enfants prenaient des notes sur des tablettes. Ils avaient des salles d'étude où ils mettaient leurs notes au net sur des cahiers de parchemin. La discipline était sévère. Les enfants ne pouvaient causer entre eux; les punitions corporelles étaient en usage; le coupable dépouillé de ses vêtements était battu de verges (fig. 342), mais il était défendu de frapper au visage. Le milieu de la journée était consacré au repos; il était sévèrement interdit de lire ou d'écrire pendant les heures de repos.

Les universités. — Jusqu'au début du XIIIᵉ siècle, il n'y eut guère d'écoles que dans les abbayes et auprès des évêques. Dans les monastères de second ordre, on n'enseignait guère que les connaissances élémentaires. Dans les grandes écoles, comme celles de Chartres, de Reims, de Paris, on étudiait la théologie, puis le *trivium* (grammaire, rhétorique, dialectique), et le *quadrivium* (arithmétique, géométrie, astronomie, musique). Mais à partir du commencement du XIIIᵉ siècle, il se forma des associations nouvelles uniquement destinées à l'enseignement; ce furent les *Universités;* et l'on vit naître de nouveaux usages. Autour des maîtres se réunirent un grand nombre de jeunes gens. L'Université de Paris compta plusieurs milliers d'étudiants venus de toutes les parties de l'Europe. Maîtres et étudiants se groupaient par pays ou par province; étudiants et maîtres d'un même groupe, d'une même nation, logeaient le plus souvent dans le même hôtel; fréquemment, ils mangeaient à la même table; quelquefois les étudiants servaient les maîtres pendant le repas, comme des écuyers. Beaucoup d'étudiants étaient pauvres et réduits à mendier pour continuer leurs études; aussi de bonne heure, de riches personnes charitables fondèrent-elles des collèges où le logement et la nourriture furent donnés à quelques jeunes gens; c'est grâce aux libéralités du chapelain de saint Louis, Robert Sorbon, que la Sorbonne, l'un des plus célèbres de ces établissements, fut fondée. A Paris, l'Université n'avait pas de bâtiments spéciaux; les maîtres, groupés sur la montagne Sainte-Geneviève, sur la rive gauche de la Seine, donnaient leur enseignement chacun dans sa demeure. Ils eurent pour costume, depuis 1215, la chape ronde et noire, tombant jusqu'aux talons (fig. 339). Quant aux étudiants ils n'avaient point de costume spécial (fig. 341). Ils formaient une jeunesse avide de savoir, mais aussi passionnée pour le plaisir, turbulente, continuellement en rixe avec les bourgeois et avec le guet.

L'instruction des laïques. — Ceux qui suivaient les cours des Universités aspiraient à devenir des savants de profession; ils allaient y chercher des grades de licenciés ou de docteurs auprès des facultés de théologie, de droit,

Fig. 343. — **Audition d'un trouvère dans un château au XIIIe siècle.** Lorsqu'un trouvère s'arrêtait dans un château, le seigneur, sa famille et ses gens s'assemblaient dans la plus grande salle; le trouvère récitait quelque long poème, s'accompagnant lui-même sur un instrument de musique, assisté de jongleurs qui divertissaient l'auditoire pendant que le poète prenait quelque repos.

de médecine et de la faculté des arts, c'est-à-dire des belles-lettres, qui se partageaient l'enseignement. Ceux qui ne voulaient pas devenir des savants allaient aux écoles tenues par les prêtres des paroisses ou bien se faisaient instruire par des maîtres libres. Les enfants nobles recevaient leur première instruction du chapelain du château. Cette instruction n'était pas très étendue : l'écriture et la lecture, puis le catéchisme, quelques notions d'astronomie confondues avec l'astrologie, quelques récits d'histoire sainte et d'histoire profane, la connaissance de quelques remèdes empiriques, tel était à peu près tout le savoir d'un baron instruit du XIIe siècle. A partir du XIIIe siècle, les connaissances des laïques devinrent plus étendues ; de nouveaux moyens de s'instruire leur furent procurés, grâce à la multiplication des manuscrits. On rédigea en langue française de vastes traités encyclopédiques, les « *images du monde* », des chroniques universelles, de naïfs traités d'histoire naturelle, comme ces curieux *Bestiaires*, pleins des supers-

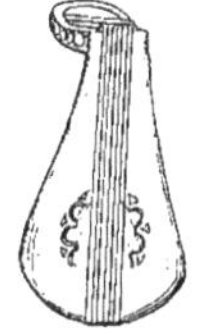

Fig. 344. — **Cithare** ou **rote** (XIIIe siècle), d'après une sculpture de l'église d'Eu (Viollet-Le-Duc).

Fig. 345. — **Psaltérion** (XIIIe siècle), d'après une sculpture de la cathédrale de Chartres (Viollet-Le-Duc).

Fig. 346. — **Cornemuse** (XIIIe siècle), d'après une statue (Viollet-Le-Duc).

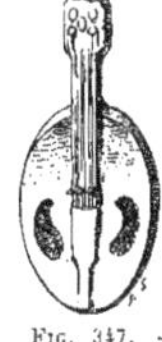

Fig. 347. — **Vielle** ou **violon** (XIIIe siècle), d'après une statue (Viollet-Le-Duc).

titions de l'antiquité auxquelles le moyen âge a ajouté les siennes. Les dogmes de la religion et les faits de l'histoire sainte étaient mis sous les yeux des fidèles par les peintures, les vitraux et les sculptures des églises.

Trouvères et jongleurs. — C'était surtout dans les poésies des *trouvères* que les laïques apprenaient l'histoire de leurs ancêtres. Les trouvères composaient de longs poèmes ou *chansons de geste* qu'ils chantaient dans les salles des châteaux ou sur les places publiques (fig. 343). Ils avaient avec eux des compagnons, les *jongleurs*, qui soutenaient la voix des chanteurs par le jeu des instruments de musique. Parmi ces jongleurs, il y en avait d'autres, acrobates ou saltimbanques, qui divertissaient les assistants par des tours d'adresse ou des exercices de force.

La musique. — L'instrument de musique, dont les jongleurs se servaient le plus fréquemment, était la *vielle* (fig. 347) ou viole qui est devenue notre violon; mais il y en avait beaucoup d'autres, instruments à vents ou à

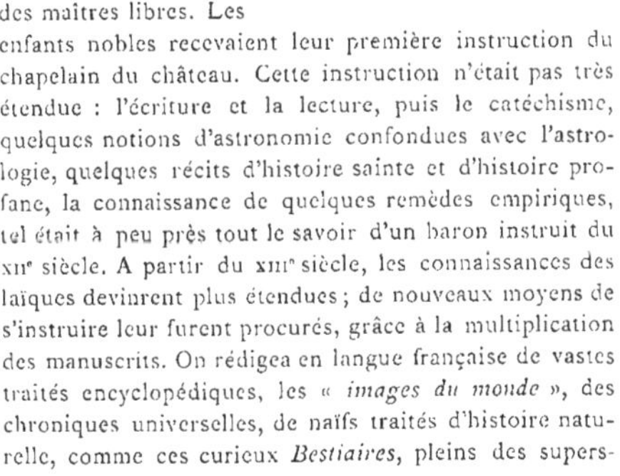

cordes, tels que la harpe, le psaltérion (fig. 345), la cithare (fig. 344), la cornemuse (fig. 346), etc. Il ne nous en reste aucun, et leur forme ne nous est connue que par les sculptures et les peintures.

La musique fut fort aimée au xiiᵉ et au xiiiᵉ siècle. C'est alors qu'ont été composés les plus beaux chants d'église. Dans les mystères qu'on jouait dans les cathédrales, les paroles étaient accompagnées de musique. On donnait dans les châteaux de véritables concerts. Sur les places publiques, il y avait souvent des chanteurs. Il nous reste beaucoup d'airs de musique du xiiiᵉ siècle.

Origines de l'architecture du moyen âge. — Au moyen âge, les idées et les penseurs étaient rares, mais il y eut de grands artistes. L'art qui domine tous les autres est l'*architecture ;* et les plus belles constructions sont les *églises.*

Les églises mérovingiennes étaient construites sur le modèle des premières basiliques chrétiennes. A partir du ixᵉ siècle, les architectes donnèrent au plan des églises la forme d'une *croix ;* ils élevèrent des tours qui renfermèrent les cloches, et furent à cause de cela nommées *clochers.* Jusqu'au xᵉ siècle, les églises continuèrent à être couvertes par des plafonds de bois. Mais, pendant les invasions des Normands, beaucoup d'églises furent incendiées ; lorsqu'on les reconstruisit, les architectes remplacèrent les plafonds ou les charpentes de bois par des *voûtes* en pierre. Pour soutenir le poids de ces voûtes, ils épaissirent les murs, firent des piliers plus solides, restreignirent le nombre des ouvertures, portes et fenêtres, et diminuèrent la largeur ou la hauteur des

FIG. 348. — **Église romane**; nef et chœur de l'église de **Vignory** (Haute-Marne), construite au milieu du xiᵉ siècle.

églises. On donne le nom d'*églises romanes* à ces édifices parce qu'ils sont dérivés des monuments romains.

L'architecture nouvelle fut employée en France jusqu'au milieu du xiiᵉ siècle.

L'Église romane. — En entrant dans une église

FIG. 349. — **Église romane**; nef, bas côtés et chœur de l'église de **Saint-Nectaire** (Puy-de-Dôme), construite au xiiᵉ siècle.

FIG. 350. — **Église romane**. — Façade de l'église d'**Angoulême** (xiiᵉ siècle) ; la partie inférieure, remarquable par ses sculptures, est seule ancienne ; le pignon et les clochers ont été restaurés de nos jours dans le style du reste de l'édifice.

romane, on aperçoit d'abord une longue galerie, c'est la *nef ;* à droite et à gauche de la nef sont des galeries plus étroites appelées *bas côtés ;* elles sont séparées de la nef par une rangée de piliers qui supportent des arcades cintrées, c'est-à-dire ayant la forme d'un demi-cercle (fig. 348). Dans beaucoup d'églises, il y a au-dessus des bas côtés une galerie moins haute que les bas côtés; elle prend jour sur la nef par d'autres arcades cintrées plus petites que celles du dessous (fig. 348). On appelle cette galerie *tribune*. Comme l'église a la forme d'une croix, on trouve à l'extrémité de la nef deux autres nefs transversales formant les bras de la croix, qu'on appelle *transepts*. Du transept on passe dans le *chœur* qui a la même largeur que la nef; il se termine par une partie arrondie que l'on nomme *abside*. Toutes les parties de l'édifice sont couvertes de voûtes (fig. 348). L'édifice n'a de jour que par

d'étroites fenêtres cintrées. A l'extérieur, la façade ne présente qu'un petit nombre d'ouvertures, portes ou fenêtres (fig. 350); sur les murs latéraux sont placés, à intervalles réguliers, des contreforts qui aident à soutenir les voûtes. Quelques clochers peu élevés établis soit aux angles de la façade, soit au-dessus du transept, complètent l'édifice. A côté de l'église, est le *cloître* (fig. 351), cour entourée de galeries voûtées, qui communique avec l'église par une porte qui est percée dans le mur latéral de l'édifice. Les églises romanes sont souvent sombres; sous ces voûtes peu élevées, on éprouve une impression grave et profondément religieuse.

Création de l'architecture gothique. — Les architectes du XIᵉ siècle employaient de lourdes voûtes; sous leur poids, beaucoup d'églises s'écroulèrent. Les architectes du XIIᵉ siècle inventèrent une voûte plus légère. Ils élevèrent à intervalles réguliers le long des murs de hautes colonnes allant du sol jusqu'à l'endroit où devait commencer la voûte; ils réunirent ces colonnes par des *arcs de pierre appelés *doubleaux*; puis ils relièrent ces colonnes quatre par quatre par d'autres *arcs en diagonale appelés *ogives*. Ils établirent ainsi un échafaudage permanent en pierre, sur lequel ils n'eurent plus qu'à construire la voûte; pour cela, ils remplirent de

moellons légers chacun des triangles formés par les ogives et l'arc doubleau. Désormais quelques colonnes légèrement espacées suffirent à porter les voûtes. On appelle ces voûtes « *voûtes sur croisée d'ogives* ». (fig. 352) La voûte de la nef centrale put être élevée très haut, ce qui permit d'ouvrir de grandes fenêtres. Elle fut soutenue à l'extérieur par des étais en pierre, arcs en quart de cercle appelés *arcs-boutants* (fig. 353), qui s'appuient sur de solides piles. Enfin les architectes n'employèrent plus les *arcs en forme de cintres; ils se servirent d'*arcs en pointe, qu'on nomme *arcs brisés*. Les églises construites de la sorte sont des *églises gothiques*.

Cette architecture nouvelle prit naissance dans les régions de l'Ile-de-France traversées par l'Oise et l'Aisne et régna en France depuis la première moitié du XIIᵉ siècle jusqu'au milieu du XVIᵉ siècle.

L'église gothique. — L'église gothique conserve les principales dispositions de l'église romane. Mais autour du chœur s'ouvrent de grandes chapelles. Les tribunes ont disparu au début du XIIIᵉ siècle; une galerie étroite, à laquelle on donne le nom de *triforium*, les remplace. De hauts piliers ornés de colonnettes portent les voûtes

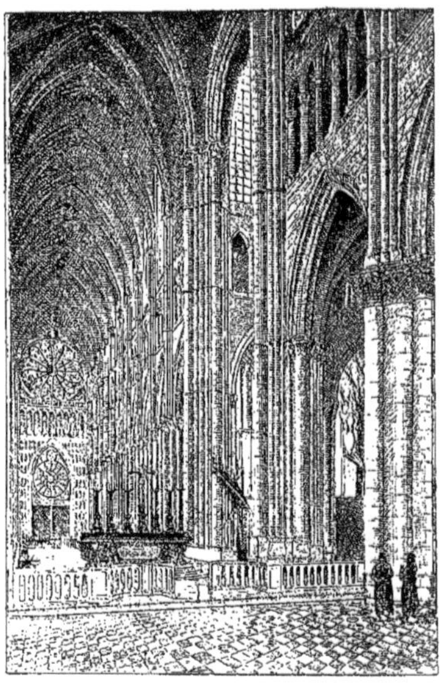

. Fig. 354. — **Église gothique** voûtée sur croisée d'ogives ; nef de la cathédrale de **Reims** (xiiie siècle) : vue prise du chœur ; on aperçoit au fond la porte, le mur de clôture garni de sculptures, les deux roses et la galerie du triforium. Cette partie fut construite de 1219 à la fin du xiiie siècle.

Fig. 355. — **Église gothique.** — Façade de la cathédrale de Paris construite de 1218 à 1435. Les tours n'ont jamais été achevées. Les parties qui font saillie sur la façade sont les *contreforts*.

à de grandes hauteurs (fig. 354). D'immenses fenêtres fermées par d'éclatantes *verrières s'ouvrent sous les voûtes. Les murs de clôture à la façade et aux transepts sont percés de *roses*, sortes de grandes fenêtres circulaires. Le sol de l'église est orné de carrelages. A l'extérieur (fig. 355), des portes formées d'*arcs en retrait les uns sur les autres donnent entrée dans l'église ; la façade est coupée de lignes de statues représentant des rois et des prophètes ; de grandes tours terminées par des flèches élancées flanquent la façade. Il y a d'autres tours aux transepts. Les murs latéraux et l'abside s'appuient sur une suite d'arcs-boutants (fig. 353) : au xiiie siècle, on décora ces contreforts de statues et on les couronna de pyramides aiguës qu'on appelle *pinacles*. Les églises gothiques du xiiie siècle

Fig. 356. — **Sculpture gothique.** — Tête de saint Jacques ; sculpture de la cathédrale de Reims (xiiie siècle).

Fig. 357. — **Sculpture gothique.** — Tête de la vierge Marie ; sculpture du grand *portail de la cathédrale de Reims (xiiie siècle).

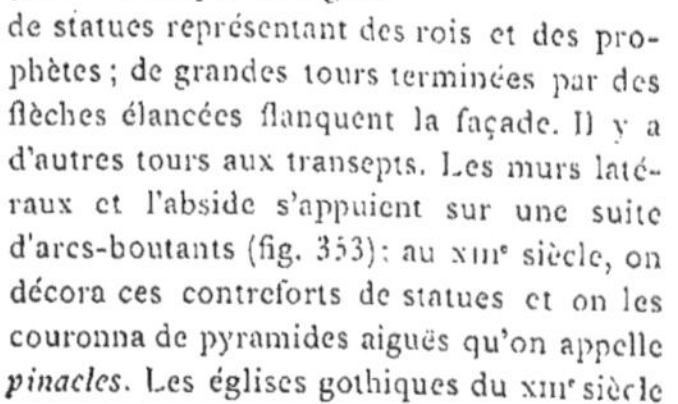

Fig. 358. — **Chapiteau gothique** du prieuré de Saint-Martin-des-Champs, à Paris (xiiie s.).

sont claires, élégantes, légères et comptent parmi les monuments les plus parfaits de l'art humain.

La sculpture. — Les sculpteurs firent au moyen âge de très beaux ouvrages. Ils imitèrent d'abord les modèles byzantins et latins ; ils s'essayèrent aussi à reproduire sur les chapiteaux ou sur les *tympans des portes des scènes des livres saints (fig. 360). Mais dès le milieu du xiie siècle ils commencèrent à étudier la nature ; dans la décoration des édifices, ils reproduisirent fidèlement les plantes de nos régions (fig. 358). Ils sculptèrent de belles statues, Christ bénissant (fig. 359), vierges (fig. 357), apôtres (fig. 356), anges aux ailes déployées (fig. 361), statues funéraires, remarquables par la science des proportions, la beauté des draperies, l'émotion des visages.

Fig. 359. — **Sculpture gothique** : le Christ bénissant (XIIIe siècle) : statue de la cathédrale d'Amiens.

Fig. 360. — **Sculpture romane**, tympan (XIIe siècle) de la porte de l'église de la Madeleine à Vézelay (Yonne). Sur le pied droit central est représenté saint Jean-Baptiste. Au centre du tympan, le Christ étend les mains, desquelles s'échappent des rayons qui vont aboutir à la tête des apôtres placés à droite et à gauche.

Fig. 361. — **Sculpture gothique** ; un ange (XIIIe siècle) : statue de la cathédrale de Reims.

Fig. 362. — **Peinture romane.** — Le Christ bénissant l'agneau pascal ; peinture de l'église de Saint-Savin (Vienne) ; fin du XIe siècle (Mérimée).

La peinture. — La peinture était surtout employée pour décorer les édifices. Au XIIe siècle, il y avait dans les églises de grandes surfaces peintes ; on y voyait représentées les scènes de l'Ancien et du Nouveau Testament. Il ne nous reste qu'un petit nombre de ces œuvres ; en France, les plus remarquables sont les peintures de l'église de Saint-Savin, près de Poitiers, qui datent des dernières années du XIe siècle (fig. 362). En regardant ces peintures, on voit que les artistes de ce temps n'étaient pas fort habiles. Les personnages qu'ils ont représentés sont mal dessinés et mal groupés ; leurs attitudes sont gauches ; leurs physionomies ont peu d'expression. Ces peintres ne savaient pas non plus représenter les objets en perspective. Mais leurs œuvres plaisent

FIG. 363. — **Architecture civile romane** : maisons romanes (XIᵉ-XIIᵉ siècles) restaurées de Cluny (Saône-et-Loire).

FIG. 365. — **Vitrail gothique** (XIIIᵉ siècle) de la cathédrale de Chartres, représentant le prophète Ézéchiel portant l'évangéliste saint Jean ; en bas, le donateur agenouillé (Lassus et Didron).

FIG. 364. — **Architecture civile gothique** : maisons du XIIIᵉ siècle, restaurées de Provins et de Châteaudun.

néanmoins à l'œil par la douceur et l'harmonie des couleurs. Au XIIIᵉ siècle, la multiplication et l'agrandissement des ouvertures dans les édifices laissa moins de place pour les peintures. Il ne resta plus aux peintres, pour exercer leur talent que les *verrières et les peintures des manuscrits ; les vitraux (fig. 365) et les *miniatures (fig. 337) du XIIIᵉ siècle présentent un notable progrès. Le dessin est plus correct ; les personnages sont mieux groupés ; les figures ont plus de vie.

L'architecture civile et militaire. — Les églises sont les constructions les plus achevées des architectes du moyen âge ; mais leurs autres œuvres civiles ou militaires méritent également d'attirer l'attention. Les édifices civils et militaires furent construits d'après les mêmes principes que les édifices religieux ; les architectes employèrent dans la construction des maisons ou des châteaux, les voûtes, les *arcs, les *moulures, la décoration dont ils se servaient pour les églises. La maison romane est en pierre, à un ou deux étages, éclairée sur la rue par de larges fenêtres que de nombreuses colonnettes divisent en compartiments (fig. 363). Au XIIIᵉ siècle,

les fenêtres cintrées sont remplacées par des fenêtres à arc brisé ; souvent aussi la façade est en pierre au rez-de-chaussée ; au-dessus elle est construite en bois et terminée par un *pignon (fig. 364). Les édifices plus considérables, palais des princes, hôtels des seigneurs laïques ou ecclésiastiques, hôtels de ville surmontés de leurs beffrois, hôpitaux, etc., reproduisent les caractères des maisons ordinaires, mais dans de plus grandes dimensions et avec les modifications que comporte leur destination. Enfin les architectes montrèrent une grande science dans la construction des forteresses féodales ; ils surent choisir et utiliser les emplacements favorables, assurer la solidité des murailles, et multiplier les obstacles.

Les arts industriels. — Tous les objets, tous les ustensiles au moyen âge étaient des objets d'art ; jamais, sauf en Grèce, les arts industriels ne furent aussi florissants. Menuisiers et *huchiers fabriquaient des meubles solides et élégants (fig. 369). Les forgerons courbaient le métal en souples rinceaux dont ils ornaient les meubles ou les portes des édifices (fig. 372). Les orfèvres, qui furent d'abord des moines, puis des laïques organisés en

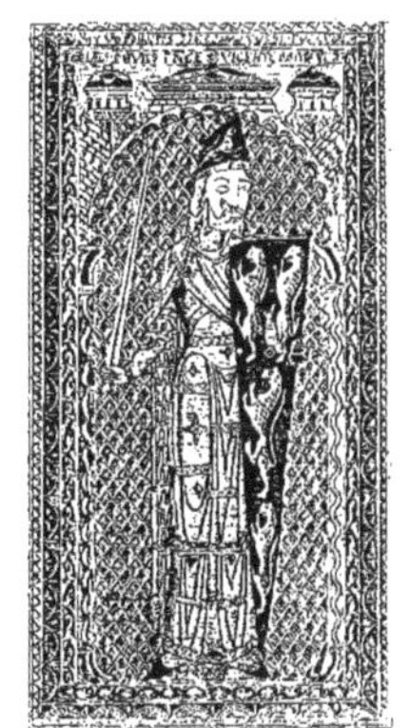

FIG. 366. — *Émail roman représentant Geoffroy Plantagenet, comte du Mans, conservée au musée d'Angers (XIIᵉ siècle).

FIG. 368. — Orfèvrerie gothique : châsse de saint Taurin, dans la cathédrale d'Évreux (première moitié du XIIIᵉ siècle).

FIG. 371. — Architecte gothique : pierre tombale de maître Hugues de Libergier, constructeur de l'église Saint-Nicaise, à Reims, mort en 1269, conservée dans la cathédrale de Reims.

FIG. 367. — Ivoire gothique (XIIᵉ siècle) représentant le couronnement de la Vierge (Musée du Louvre).

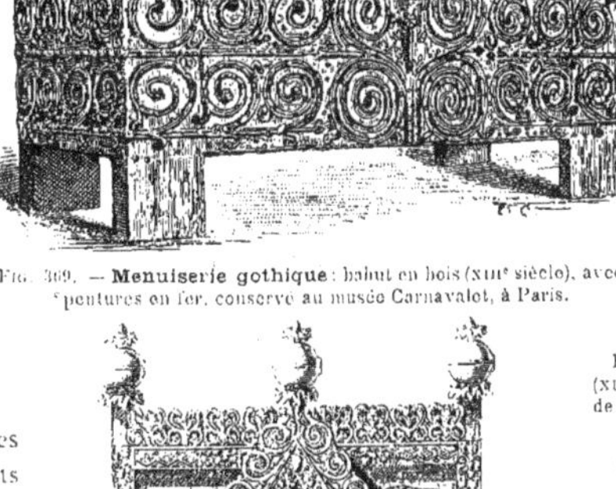

FIG. 369. — Menuiserie gothique : bahut en bois (XIIIᵉ siècle), avec *pentures en fer, conservé au musée Carnavalet, à Paris.

FIG. 372. — Ferronnerie gothique (XIIIᵉ siècle) : *penture d'une des portes de la façade de la cathédrale de Paris.

corporations, fabriquaient des châsses qui étaient de véritables monuments (fig. 368-fig. 370), d'admirables ciboires (fig. 151; page 37), de curieux reliquaires (fig. 149; page 37). Les émailleurs dont les plus remarquables furent ceux de Limoges et de la vallée du Rhin, garnissaient les objets d'orfèvrerie de plaques ou de médaillons qui étaient de véritables petits tableaux (fig. 366). Enfin il ne faut pas oublier les sculpteurs sur ivoire, dont les œuvres furent nombreuses, l'ivoire étant très recherché au XIIᵉ et au XIIIᵉ siècle (fig. 367). D'autres industries d'art, telles que la fabrication des tapisseries, celle des beaux tissus de soie et de laine furent également très florissantes; malheureusement il ne nous reste pas de tapisseries de ce temps.

FIG. 370. — Orfèvrerie romane : châsse de Notre-Dame, conservée à la cathédrale d'Aix-la-Chapelle; travail allemand du XIIᵉ siècle (Cahier et Martin).

Les artistes au moyen âge. — On aimerait à connaître les noms des auteurs de tant d'œuvres si remarquables, édifices ou objets d'art. On ne sait pas grand'chose sur ces questions. Jusqu'au XIIIᵉ siècle, la plupart des artistes furent des moines ; l'abbaye de Cluny, celle de Cîteaux furent des pépinières d'architectes. Au XIIIᵉ siècle, les artistes furent presque tous des laïques, et l'on possède quelques noms, mais sans avoir aucun renseignement sur la vie de ceux qui les portèrent. La pierre tombale de l'architecte Libergier nous fournit l'image d'un architecte de ce temps (fig. 371).

11

FIG. 373. — **Église gothique espagnole**; nef et bas côtés de la cathédrale de Tolède, élevée à partir de 1227 par des architectes d'origine française, probablement venus de Normandie.

FIG. 375. — **Église gothique anglaise**; transept et clocher de la cathédrale de Salisbury, construite au XIIIe siècle, l'un des types les plus purs de l'architecture gothique en Angleterre.

FIG. 374. — **Église gothique italienne**; façade de la cathédrale de Sienne, reconstruite à la fin du XIVe siècle dans le style gothique.

Expansion de l'art gothique. — Au XIIIe siècle, l'Espagne (fig. 373), l'Italie (fig. 374), l'Angleterre (fig. 375), l'Allemagne (fig. 376), élevèrent des monuments de style gothique dont la construction fut le plus souvent confiée à des artistes venus de France. Aussi les écrivains étrangers donnèrent-ils à l'art que nous appelons aujourd'hui *gothique* le seul nom qui lui convienne en réalité, celui d'art français

FIG. 376. — **Église gothique allemande**; nef et chœur de la cathédrale de Cologne (XIIIe siècle); la partie la plus ancienne, le chœur, fut construite de 1249 à 1322

INDEX ALPHABÉTIQUE

[IVe s.], 9 ; — basilique de Saint-Clément à Rome [IXe s.] : chœur, 9 ; — Palais pontifical du Latran [début du XIVe s.], 32.

Rose, — de la cathédrale de Paris [XIIIe s.] : V. (fig. 355), 78 : — de la cathédrale de Reims, [XIIIe s.] : V. (fig. 354), 78 ; — de la cathédrale de Sienne [XIVe s.], 82.

Rote. — [XIIIe s.] : V. (fig. 314), 75.

Rue, — au Caire, 28 ; — à Tripoli : V. (fig. 162), 40.

S

Sacre, — d'un prince carolingien, restitution, 16 ; — d'un roi de France [XIIIe s.], restitution, 66.

Saint-Antonin (Tarn-et-Garonne). — Maison [XIIIe s.], 56.

Saint-Clément, — basilique, à Rome [IXe s.] : chœur, 9.

Saint-Denis (Seine). — Abbaye : fragment d'un vitrail représentant un combat entre croisés et sarrasins, 39.

Saint Étienne, — (couronne dite de) ; [XIe s.], 22.

Saint Gall, — (représentation de) ; [IXe s.] : V. (fig. 68), 19.

Saint Grégoire le Grand, — (le pape), [XIIIe s.], 33 ; — (crosse en ivoire de) ; [VIe s.], 9.

Saint Jacques, — (sculpture gothique [XIIIe s.], représentant), 78.

Saint Jean l'évangéliste, — (représentation au XIIIe s. de) : V. (fig. 365), 80.

Saint-Jean, à Poitiers. — (église de) ; [VIe s.] ; vue extérieure, 14.

Saint Louis, roi de France, — (représentation au XIIIe s. de) : V. (fig. 296 et 303), 65.

Saint Louis, roi de France, — (Agrafe [XIIIe s.] (dite de) : V. fig. 180, 43. — (Coffret [XIIIe s.], dit de), 47 ; — (Charte de), 48.

Saint-Marc, de Venise. — (église de) ; [XIe s.] : façade, 63.

Saint-Martin-des-Champs, à Paris, — (abbaye de) : chapiteau gothique [XIIIe s.], 78.

Saint Michel, archange, — (représentation au XIIIe s. de) : V. fig. 132), 33.

Saint-Nectaire (Puy-de-Dôme). — (église de) ; [XIIe s.] : nef, bas côtés et chœur : V. (fig. 349), 76.

Saint-Paul, à Jouarre. — (Crypte de) ; [VIIe s.], 14.

Saint-Paul hors les murs, à Rome. — (basilique de) ; [IVe s.] : vue extérieure, 9.

Saint Pierre, apôtre — (représentation au IXe s.) : V. (fig. 54), 15.

Saint-Savin (Vienne), — (peinture romane dans l'église de) ; [XIIe s.], représentant le Christ bénissant l'Agneau pascal, 79.

Saint-Sépulcre, à Jérusalem. — (église du) ; [XIIe s.] ; portail sud, 41.

Saint-Taurin, Évreux. — (châsse de) ; [XIIIe s.], V. (fig. 368), 81.

Saint-Trophime, à Arles, — (cloître roman de l'église de), [XIIe s.], 77.

Saint-Vital, de Ravenne. — (église de) : mosaïques [VIe s.], représentant l'empereur Justinien (fig. 85), 23 ; — représentant l'impératrice Théodora (fig. 86), 23.

Saint-Yved, à Braisne, — (châsse de), 30.

Sainte, — (représentation byzantine au VIe s. d'une) : V. (fig. 80), 24.

Sainte-Chapelle, à Paris, — [XIIIe s.] : V. (fig. 308), 67.

Sainte-Eulalie d'Ambarès (Gironde), — (la Tusque à), 44.

Sainte-Marie de l'Amiral, à Palerme, — (église de) : mosaïques [XIIe s.], représentant le roi de Sicile, Roger II, 64.

Sainte-Sophie, à Constantinople, — (église de) ; [VIe s.], vue intérieure, 21.

Salière, — [XIIe s.], 50.

Salisbury (Angleterre). — Cathédrale : transept et clocher [XIIIe s.] : V. (fig. 375), 82.

Salle, — du chapitre des chevaliers, à l'abbaye du Mont-Saint-Michel [XIIIe s.], 57 ; — d'habitation d'un château [XIIIe s.], restitution, 46.

Sandales, — [VIIe s.] : V. (fig. 45), 13.

San-Gimignano (Italie). — Vue générale [XIIIe s.], 63 ; — maison du podestat [XIIIe s.], 64.

Sangliers, — (chasse aux) ; [XIe s.] : V. (fig. 312), 68.

Sape, — (attaque d'un mur à l'aide de la), 46.

Sarrasins, — (combat entre croisés et) : V. (fig. 156), 39.

Sceau, — de Childéric [Ve s.], 12 ; — archiépiscopal [XIIIe s.], 45 ; — seigneuriaux [XIIIe s.] : V. (fig. 210 et 211), 48 ; — communal [XIIIe s.] : V. (fig. 259), 56 ; — communaux [XIIIe s.] : V. (fig. 257 et 289), 56 ; — appendus à une charte [XIIIe s.] : V. (fig. 209), 48.

Sceptre, — impérial [XIIIe s.], 61 ; — royal [XIVe s.], 65 ; — royal français [XIIIe s.] : V. (fig. 304), 65.

Sculpteurs, — [XIIIe s.] : V. (fig. 266), 57.

Sculpture gothique, — Tête de saint Jacques [XIIIe s.] : cathédrale de Reims, 78 ; — tête de la Vierge Marie, [XIIIe s.] : cathédrale de Reims, 78 ; — Christ bénissant [XIIIe s.] : cathédrale d'Amiens, 79 ; — ange [XIIIe s.] ; cathédrale de Reims, 79.

Sculpture romane, — tympan de l'église de la Madeleine, à Vézelay (Yonne) ; [XIIe s.], 79.

Serment, — (prestation de) ; [XIe s.] : V. (fig. 315), 69.

Servante, — [XIIe s.], 54.

Siège, — (dit de Dagobert) ; [XIIe s.], 12 ; — (XIIe s.), 47.

Sienne (Italie). — Cathédrale : façade [XIVe s.], 82.

Statue. — [XIIIe s.], Christ bénissant, cathédrale d'Amiens : V. (fig. 359), 79 ; — [XIIIe s.], un ange, cathédrale de Reims : V. (fig. 361), 79 : — [XIIIe s.], tête de saint Jacques, cathédrale de Reims : V. (fig. 356), 78 ; — [XIIIe s.], tête de la Vierge Marie, cathédrale de Reims : V. (fig. 358), 78 ; — [XIIIe s.], pape saint Grégoire le Grand, cathédrale de Chartres, 33 ; — [XIIIe s.], diacre, cathédrale de Chartres, 33 : — [XIIIe s.], Henri III, roi d'Angleterre, abbaye de Westminster : V. (fig. 323), 70.

Statuette, — romaine [IVe s.], représentant l'impératrice Ælia Flavilla : V. (fig. 21), 7 ; — [XIIIe s.], représentant saint Louis, 65.

Stola, — [IVe s.] : V. (fig. 21), 7.

Surcot, — [XIIIe s.] : V. (fig. 174-176-185), 43.

Surplis, — [XIIIe s.] : V. (fig. 131), 33.

T

Table. — arabe [XVe s.], 31 ; — [XIIe s.], 47.

Tablettes. — de cire [XIIe s.], 72.

Tabouret, — [XIIe s.], 47.

Tapisserie de Bayeux. — [XIe s.], scènes : V. (fig. 315, 316, 317, 318, 319, 320), 69 ; — donjon en bois, 68.

Tassillon, — (calice [IXe s.] dit de), 19.

Temple, — (gallo-romain), maison carrée, à Nîmes, 3.

Temple. — (église du), à Londres [XIIe s.] : intérieur, 71.

Templier. — en costume de chevalier [fin XIIIe s.], 40.

Théâtre. — gallo-romain, d'Orange [IVe s.], restitution, 4.

Théodora, femme de Justinien, — (fig. 86), 23.

Théodoric. — (palais de), à Ravenne [VIe s.] : ruines, 15 ; — (tombeau de), a Ravenne [VIe s.], 15.

Théotocos, à Constantinople, — (église de la), [Xe s.] ; façade : V. (fig. 94), 25.

Thermes. — du palais de Julien, à Paris [IVe s.], état actuel : V. (fig. 18), 6 ; — restauration : V. (fig. 19), 6.

Tiare, — [XIIIe s.] : V. (fig. 127), 33.

Toit, — à pignon [XIIIe s.] : V. (fig. 304), 80.

Toiture à dessins. — [XIIIe s.] : V. (fig. 255), 55.

Tolède (Espagne). — (Cathédrale de) ; [XIIIe s.] : nef : V. (fig. 373), 82.

Tombeau. — de Théodoric [VIe s.], a Ravenne, 15.

Tonsure, — [VIIe s.] : V. (fig. 46), 7.

Tour, — gallo-romaine, à Trèves [IVe s.] : V. (fig. 16), 4 : — en bois, mérovingienne : V. (fig. 46), 13 ; — arabe [XIe s.], de la citadelle de Bab-el-Azab, au Caire, 29 ; — de Londres [XIe s.] : chapelle, 71 ; — penchée, de Pise [XIIe s.] : V. (fig. 289), 63 ; — [XIIIe s.], d'Henri III, au château de Windsor, 70 ; — [XIIIe s.], de la ville de San Gimignano (Italie) V. : (fig. 288), 63 : — d'escalier [XIIIe s.] : V. (fig. 355), 55 ; — d'église [XIe s.], de la cathédrale de Bamberg : V. (fig. 279), 60 : — [XIIIe s.], de la façade de la cathédrale de Paris : V. (fig. 355), 78.

Tournoi, — [XIIe s.], 53.

Trabée, — romaine [IVe s.] : V. (fig. 21), 7.

Transept. — de la cathédrale de Tolède [XIIIe s.] : V. (fig. 373), 82 ; — de la cathédrale de Salisbury [XIIIe s.] : V. (fig. 375), 82.

Transport, — des bagages [IVe s.] : V. (fig. 9), 3.

Trébuchet. — à contrepoids, 45.

Tressoir, — [XIIe s.] : V. (fig. 171), 42.

Trèves (Allemagne). — Porte-Noire, 4.

Tribune, — [XIe s.] : V. (fig. 347), 78.

Triforium, — [XIIIe s.] : V. (fig. 354), 78.

Tripoli (Syrie). — Constructions franques, 40.

Trompette. — romain [IVe s.], 2.

Trompette, — romaine [IVe s.] : V. (fig. 7), 2.

Trône, — impérial byzantin [XIe s.], V. (fig. 96), 25 ; — royal français [XIe s.] : V. (fig. 300), 65.

Trouvère, — (audition d'un), dans un château [XIIIe s.], 75.

Tunique, — romaine impériale [IVe s.] : V. (fig. 3), 1 : — romaine [IVe s.] : V. (fig. 5), 2 ; — romaine [IVe s.] : V. (fig. 7), 2 ; — romaine [IVe s.] : V. (fig. 20), 7 ; — romaine [IVe s.] : V. (fig. 23), 7 ; — germaine : V. (fig. 34), 11 : — carolingienne : V. (fig. 57), 16 ; — [XIe s.], anglo-saxonne : V. (fig. 313), 68 ; — royale française [XIIIe s.] : V. (fig. 305), 63.

Tusque (la), — [Xe s.], 44.

Tutilo. — (plaque d'ivoire sculptée par) ; [IXe s.], 19.

Tympan de la porte de l'église de la Madeleine à Vézelay (Yonne) : V. (fig. 360), 79.

V

V. — majuscule [XIIIe s.], 73.

Vase, — arabe, de l'Alhambra [XIIIe s.], 31 ; — à boire allemand [XIIIe s.], 50.

Venise (Italie). — Église Saint-Marc [XIe s.] : façade, 63.

Vézelay (Yonne). — Église de la Madeleine [XIe s.] : tympan de la porte : V. (fig. 360), 79.

Vielle. — [XIIIe s.], 75.

Vierge, — (tête de la), sculpture gothique [XIIIe s.], cathédrale de Reims : V. (fig. 457), 78 ; — (couronnement de la) ; [XIIe s.] : V. (fig. 367), 81 ; — (ascension de la) ; [IXe s.] : V. (fig. 68), 19 ; — (assise sur un trône, tenant l'enfant Jésus) ; [XIe s.] : V. (fig. 96), 25.

Vignory (Haute-Marne). — Église [XIe s.] : nef et chœur : V. (fig. 348), 76.

Villa, — gallo-romaine [IVe s.], 5 : mérovingienne : V. (fig. 46), 13.

Village, — germain, 11.

Ville, — arabe : V. (fig. 97), 25 : — rue au Caire, 28 ; — San Gimignano (Italie) [XIIIe s.], 63 ; — cité de Carcassonne [XIIIe s.], 57.

Violon. — [XIIIe s.], 75.

Vitraux. — de la cathédrale de Bourges [XIIe, XIIIe s.], représentant des métiers : charcutiers, boulangers, 57 ; — de la cathédrale de Chartres [XIIe, XIIIe s.], représentant des métiers : marchands drapiers et maçons, 57 ; charpentiers, maréchal ferrant, 58 ; — cathédrale de Chartres [XIIe s.], représentant la chasse au cerf, 52 ; — cathédrale de Chartres, verrière [XIIIe s.], représentant le prophète Ézéchiel portant l'évangéliste saint Jean, 80 ; — de l'abbaye de Saint-Denis, représentant un combat entre croisés et Sarrasins, 39.

Voile, — de femme germaine, 11 ; de dame noble [XIe s.], 42 ; — de dames nobles [XIIe s.], 42 ; — de religieuse [XIIe s.], 31.

Voûte, — gothique d'arête sur croisée d'ogives (figure théorique), 77 ; — en berceau [XIIe s.] : V. (fig. 349), 76.

W

Wartburg (Allemagne). — (Château de la) ; [XIe-XIIe s.] : extérieur, 60.

Westminster (Angleterre). — (Abbaye de) : chœur [XIIIe s.], 71.

Windsor (Angleterre. — (Château de), tour [XIIIe s.], 70.

Y

Ypres (Belgique), — Hôtel de ville et beffroi [XIIIe s.], 56.

TABLE DES MATIÈRES

Paris. — Imp. E. CAPIOMONT et Cⁱᵉ, rue de Seine. 57.

Armand COLIN et Cie, Éditeurs, 5, rue de Mézières, Paris.

Album historique, publié sous la direction et avec une préface de M. ERNEST LAVISSE, de l'Académie française, professeur à l'Université de Paris, par M. A. PARMENTIER, agrégé d'histoire et de géographie, professeur au collège Chaptal :

TOME Ier. Moyen âge (du IVe à la fin du XIIIe siècle). 1 volume in-4° carré, 2000 *gravures*, broché............ **15 »**

TOME II. Fin du Moyen âge (XIVe et XVe siècles). 1 volume in-4° carré, 2000 *gravures*, broché............ **15 »**

Chaque volume, relié toile, tr. jaspées, **18 fr.**; tr. dorées, **20 fr.**

Album géographique, par MM. MARCEL DUBOIS, professeur de géographie coloniale à la Faculté des lettres de l'Université de Paris, et CAMILLE GUY, agrégé d'histoire et de géographie, chef du Service géographique et des missions au ministère des Colonies :

TOME Ier. Aspects généraux de la nature. 1 volume in-4° carré, 500 *gravures*, broché........................ **15 »**

TOME II. Régions tropicales. 1 volume in-4° carré, 450 *gravures*, broché............................ **15 »**

Chaque volume, relié toile, tr. jaspées, **18 fr.**; tr. dorées, **20 fr.**

Atlas général Vidal-Lablache, historique et géographique, par M. P. VIDAL DE LA BLACHE, sous-directeur et maître de conférences à l'École normale supérieure. — 420 cartes et cartons en couleur. — Index alphabétique de 46 000 noms. Un volume in-folio, relié toile. **30 »**

Avec reliure amateur, **40 fr.**

Atlas classique Vidal-Lablache, historique et géographique, par M. P. VIDAL DE LA BLACHE, sous-directeur et maître de conférences à l'École normale supérieure. — 342 cartes et cartons en couleur. — Index alphabétique de 30 000 noms. Un volume in-folio, cartonné. **15 »**

Relié toile souple, **16 fr.**

PAGES CHOISIES DES GRANDS ÉCRIVAINS

Collection de volumes in-18 jésus, brochés ou reliés toile.

Pages choisies de Balzac (G. LANSON).............. 3 50
Pages choisies de Chateaubriand (S. ROCHEBLAVE). 3 50
Pages choisies de Cicéron (P. MONCEAUX)......... 3 50
Pages choisies de Victor Cousin (T. DE WYZEWA). 3 50
Pages choisies d'Alexandre Dumas (H. PARIGOT)... 3 50
Pages choisies de Gustave Flaubert (G. LANSON)... 3 50
Pages choisies de Théophile Gautier (P. SIRVEN).. 3 50
Pages choisies de Guizot (Mme GUIZOT DE WITT)... 3 50
Pages choisies de J.-M. Guyau (ALFRED FOUILLÉE). 3 50
Pages choisies d'Homère (MAURICE CROISET)...... 3 50
Pages choisies de Lesage (MORILLOT)............. 3 50
Pages choisies de Mérimée (LION)............... 3 50
Pages choisies de Michelet (CH. SEIGNOBOS, sous la direction de Mme MICHELET)..................... 4 »
Pages choisies de Mignet (WEILL)................ 3 »
Pages choisies d'Alfred de Musset (P. SIRVEN).... 3 50
Pages choisies d'Ernest Renan.................. 3 50

Pages choisies de Rabelais (E. HUGUET)........... 3 50
Pages choisies de J.-J. Rousseau (S. ROCHEBLAVE). 3 »
Pages choisies de George Sand (S. ROCHEBLAVE).... 3 50
Pages choisies de Thiers (G. ROBERTET)........... 3 »
Pages choisies de Virgile (A. WALTZ)............. 3 50

Chaque volume, relié toile, tranches jaspées, 50 centimes en sus.

PAGES CHOISIES DES AUTEURS CONTEMPORAINS

Pages choisies d'André Theuriet (BONNEMAIN)..... 3 50
Pages choisies de Jules Clarétie (BONNEMAIN)...... 3 50
Pages choisies d'Anatole France (G. LANSON)...... 3 50
Pages choisies d'E. et J. de Goncourt (G. TOUDOUZE) 3 50
Pages choisies de Pierre Loti (BONNEMAIN)........ 3 50
Pages choisies de Tolstoï (R. CANDIANI).......... 3 50
Pages choisies d'Émile Zola (G. MEUNIER)........ 3 50

Chaque volume, relié toile, tranches jaspées, 50 centimes en sus.

Envoi franco sur demande du Catalogue spécial.

BIBLIOTHÈQUE DE DICTIONNAIRES-MANUELS-ILLUSTRÉS

Nouveau Dictionnaire classique illustré, par M. A. GAZIER, professeur adjoint à l'Université de Paris. 1 vol. in-12, 19 cartes, 700 *gravures*, dont 70 figures d'ensemble, cartonné.......... **2 fr. 60**
Relié toile, tranches rouges............. **3 fr. 30**

Dictionnaire-manuel-illustré des Écrivains et des Littératures, par MM. CHARLES GIDEL et FRÉDÉRIC LOLIÉE. 1 vol. in-18 jésus, 300 *gravures*, relié toile, tranches rouges..... **6 fr.**

Dictionnaire-manuel-illustré des Idées suggérées par les Mots, par M. PAUL ROUAIX, professeur au lycée Henri IV. 1 volume in-18 jésus, 16 *planches hors texte*, rel. toile, tranches rouges. **6 fr.**

Dictionnaire-manuel-illustré des Sciences usuelles, par M. E. BOUANT, ancien élève de l'École normale supérieure, agrégé des sciences physiques, professeur au lycée Charlemagne. 1 volume in-18 jésus, 2 500 *gravures*, rel. toile, tranches rouges. **6 fr.**

Dictionnaire-manuel-illustré des Connaissances pratiques, par M. E. BOUANT, professeur agrégé au lycée Charlemagne. 1 volume in-18 jésus, 1 600 *gravures*, relié toile, tranches rouges..... **6 »**

Dictionnaire-manuel-illustré d'Agriculture, par M. DANIEL ZOLLA, professeur à l'École nationale d'Agriculture de Grignon. 1 vol. in-18 jésus, avec *gravures*. *(En préparation).*

Envoi franco sur demande du Prospectus spécial.

Paris. — Imp. E. CAPIOMONT et Cie, rue de Seine, 57.

www.ingramcontent.com/pod-product-compliance
Ingram Content Group UK Ltd.
Pitfield, Milton Keynes, MK11 3LW, UK
UKHW022323070726
13614UKWH00002B/908